Den Tätern auf der Spur

Alexander Dörsam

Den Tätern auf der Spur

Spannende Fälle aus IT-Sicherheit und IT-Forensik

Springer

Alexander Dörsam
Antago GmbH
Heppenheim, Deutschland

ISBN 978-3-658-16465-2 ISBN 978-3-658-16466-9 (eBook)
https://doi.org/10.1007/978-3-658-16466-9

Die Deutsche Nationalbibliothek verzeichnet diese Publikation in der Deutschen Nationalbibliografie; detaillierte bibliografische Daten sind im Internet über http://dnb.d-nb.de abrufbar.

Springer

Einbandabbildung: designed by deblik, Berlin © sitcokedoi / AdobeStock

Springer ist Teil von Springer Nature
Die eingetragene Gesellschaft ist Springer Fachmedien Wiesbaden GmbH
Die Anschrift der Gesellschaft ist: Abraham-Lincoln-Str. 46, 65189 Wiesbaden, Germany

Danksagung

Dieses Buch entstand in einer Hochzeit digitaler Angriffe und gibt Erfahrungen wieder, die nur dank höchstem Vertrauen meiner Weggefährten gesammelt werden konnten. Dafür und für das ständige Konfrontieren mit neuen Herausforderungen bei gleichzeitiger Unterstützung gilt mein Dank.

Des Weiteren danke ich meinem Team, auf welches ich mich immer verlassen kann. Ohne den Rückhalt, den Einsatz und die tatkräftige Unterstützung, angefangen von trivialen bis hin zu hoch technischen Angelegenheiten, wäre es sicher nicht möglich gewesen, gemeinsam so erfolgreich digitale Angriffe zu analysieren und darauf zu reagieren.

Mein größter Dank gilt jedoch meiner Familie und meiner Lebensgefährtin. Ohne die moralische und auch tatkräftige Unterstützung wären die Belastungen und Herausforderungen der letzten Jahre nicht zu meistern gewesen.

Somit schreibe zwar ich dieses Buch, aber dennoch handelt es sich um eine außerordentliche Teamleistung, dass ich über die folgenden Sicherheitsvorfälle berichten kann.

Inhaltsverzeichnis

Über den Autor

Fotografin: Sandra Hauer

Alexander Dörsam Jahrgang 1987, ist gefragter Referent und Live-Hacker und gibt sein Know-how über IT-Sicherheit in Fachartikeln, Rundfunk und Fernsehen weiter. Als Leiter der Information Security und Gesellschafter der Antago GmbH beschäftigt er sich täglich mit Sicherheitsvorfällen – z. B. bei Banken, Pharmaunternehmen und Energiekonzernen. Darüber hinaus betreibt er Forschung, unter anderem im Bereich der Sicherheit von Gebäudeleitsystemen, der Anti-Forensik und der Evidence Injection.

Dörsam begann schon im Alter von 12 Jahren mit seinem ersten, damals modernen Intel-Pentium-2-Computer mit der Administration von Netzen und Maschinen. Als Teenager sammelte er Erfahrungen in der Beratung von kleinen Unternehmen und fing an, Webserver und Webseiten aufzusetzen. Vor allem die Belastbarkeit von Netzen und die Themen IT-Sicherheit und Hacking interessierten ihn. Mystische Geschichten von Kevin Mitnick und Filme wie „Hackers" taten ihr Übriges – aus dem Interesse wurde eine Leidenschaft.

So stellte er im heimischen Jugendzimmer ein eigenes kleines Labor zusammen, in dem er von SPS-Steuerungen bis hin zu Computer-Clustern unterschiedlichste Strukturen aufbaute und analysierte. Eine Vielzahl vernetzter Computer sowie durch ihn in Betrieb genommene Klöckner Möller easy, Siemens Simatic S5 und S7 bildeten den Kern der Testumgebung.

Früh war ihm klar, dass sein berufliches Ziel im Bereich der IT-Sicherheit liegen würde. Über Praktika im Bereich der Elektronik bis hin zur Fachhochschulreife verfolgte er den kürzesten Weg ins Studium der Informatik. 2008 konnte er die erste Etappe mit dem Bachelor of Science erfolgreich abschließen. In seiner Abschlussarbeit entwickelte er einen Weg, das bis dato als sicher geltende ITAN-Verfahren des Onlinebankings auszutricksen und Überweisungen automatisiert umzuleiten. Seine Arbeit mit dem Titel „Security flaw of ITAN based online banking" war gleichzeitig auch seine erste Publikation.

Neben dem Studium arbeitete Dörsam parallel als Sicherheitsberater für Webapplikationen und unterstützte Kunden bei der Absicherung gegen professionelle Angriffe. Darüber hinaus war er Teil des Netzwerkteams des Fraunhofer Instituts für Graphische Datenverarbeitung, wo er unter anderem Controller-basierte WLAN-Netze plante und ausrollte. Seine Praxisphase verbrachte er bei der Deutschen Bank in Eschborn, für die er Sicherheitskonzepte entwickelte.

Mit seiner Abschlussarbeit „Android devices as an attacking tool" für den Master of Science in Informatik widmete er sich 2010 der Idee, komplexe Angriffe auf Infrastrukturen mit sehr einfacher und mobiler Hardware zu realisieren. Dörsam entwickelte eine Software für ein Google-G1-Telefon, mit welchem er unter anderem in der Lage war, komplexe Netzwerkstrukturen anzugreifen und beispielsweise automatisiert Voice-over-IP-Telefonate abzuhören.

Mit diesem umfangreichen Wissen gelang ihm 2010 der Einstieg in die auf IT-Sicherheit spezialisierte Antago GmbH. Dort zeichnete er für Security-Projekte in mittelständischen Unternehmen bis hin zu DAX-30-Konzernen verantwortlich. 2013 übernahm er die Leitung des gesamten technischen IT-Security-Teams und damit die Verantwortung für die Durchführung aller Projekte sowie die Weiterentwicklung des Unternehmens in technischen Sicherheitsbelangen. Gleichzeitig übernahm er Gesellschaftsanteile der Antago GmbH und richtete die Gesellschaft noch stärker auf hoch technische Analysen und die Behandlung von Sicherheitsvorfällen aus.

1

Einleitung

„Den Tätern auf der Spur“ basiert auf echten IT-Sicherheitsvorfällen und führt Sie durch eine Welt von Erpressung, Spionage und digitalem Vandalismus. Sie werden erfahren, wie Angreifer in Strukturen eindringen, welche Methoden dafür eingesetzt werden und welche Folgen daraus resultieren. In diesem Buch werden unterschiedlichste Fälle aus Sicht der IT-Forensik und des Krisenmanagements beschrieben. Eine noch direktere Berichterstattung als die folgende ist kaum möglich. Alle Fälle werden nach Rücksprache und mit Freigabe der betroffenen Unternehmen vorgestellt. Jeder einzelne Fall steht repräsentativ für eine bestimmte Art von Vorfällen und ereignete sich innerhalb der letzten zwei bis drei Jahre. Bei den vorgestellten Fällen handelt es sich nicht um exotische Einzelerscheinungen, obwohl auch diese rasant zunehmen, sondern

A. Dörsam, *Den Tätern auf der Spur*,
https://doi.org/10.1007/978-3-658-16466-9_1

um gängige Praxis und damit auch um die für Sie wahrscheinlichsten Szenarien.

Um möglichst nicht selbst Opfer von Angriffen zu werden oder sich – falls erforderlich – selbst helfen zu können, werden Ihnen abschließend Grundlagen der IT-Sicherheit vermittelt.

Dieses Buches richtet sich an Personen mit einem rudimentären IT-Hintergrundwissen, die sich für IT und IT-Forensik interessieren.

Die Ausrichtung des Buches auf digitale Einbrüche ist darin begründet, dass dieses Thema so stark wie noch nie im Fokus liegt. Kaum eine Woche vergeht ohne Meldungen von Datenverlusten oder digitalen Erpressungen. Selbst Versicherungen haben diesen Trend erkannt und bieten neben klassischen Absicherungen gegen Diebstahl, Einbruch oder Erpressung nunmehr auch die Möglichkeit an, digitale Einbrüche im weitesten Sinne abzusichern. Dies wirft die Frage auf, woher dieser augenscheinliche Anstieg von IT-Sicherheitsvorfällen gekommen ist. Sicherlich ist das Phänomen „Hacking“ durch mehrere Anreize getrieben. Denn es war noch nie so einfach, in digitale Systeme einzubrechen, wie heute.

Dies hat mehrere Gründe:

Auf der einen Seite hat das ursprüngliche Hacker-Ethos „Wissen ist für alle da“ sich bis heute durchgesetzt. Eine Vielzahl von Angriffswerkzeugen ist frei im Internet zugänglich. Neben den eigentlichen Programmen erhält der an (Un-)Sicherheit interessierte Nutzer obendrein häufig eine Benutzeranleitung auf Video, meist sogar in HD.

Die Schwierigkeit, an geeignete Werkzeuge für das Attackieren digitaler Systeme zu kommen, reduziert sich zunächst auf die Fähigkeit, danach zu „googeln". Mit dem Veröffentlichen solcher Werkzeuge und der damit einhergehenden Inflation von notwendigem Spezialwissen auf Seiten der Angreifer steigt entsprechend auch die Wahrscheinlichkeit eines Angriffes. Je einfacher etwas wird, desto wahrscheinlicher ist auch dessen Umsetzung. Dies ist auch der Grund dafür, dass im Folgenden keine Exoten vorgestellt werden, sondern die am häufigsten aufgetretenen Fälle.

Auf der anderen Seite sieht die Lage so aus, dass zwar die Möglichkeit eines Angriffes immer verbreiteter wird, im Gegenzug das Schutzniveau in IT-Infrastrukturen aber nach meiner eigenen Erfahrung nicht ähnlich stark anwächst. So basieren Angriffe wie „CEO Fraud" oder „Fake President" beispielsweise auf technischen Hintergründen, die bereits seit vielen Jahren bekannt sind. Dennoch können solch „alte" Methoden heute noch erfolgreich gegen Unternehmen, Behörden und Einzelpersonen eingesetzt werden [1].

1.1 Der CEO-Fraud

„CEO Fraud" ins Deutsche übersetzt bedeutet „Geschäftsführer-Betrug". Bei diesem Betrug handelt es sich um ein ähnliches Vorgehen wie bei dem bekannten „Enkeltrick". Eine fremde Person gibt sich als eine vertrauenswürdige, bekannte Person aus. Glaubt dies der Angegriffene, wird der Angreifer versuchen, durch das gewonnene Vertrauen beispielsweise an das Geld des Opfers zu kommen [2].

Der Enkeltrick greift auf sehr einfache Werkzeuge zurück, die sich in einen psychologischen und einen technischen Teil differenzieren lassen.

Technisch sind dazu lediglich ein Telefon und ein Telefonbuch notwendig. Psychologisch wird der Angreifer auf Basis der Beziehungsstellung des Enkels das Opfer um Hilfe bitten und es damit in die „Helfer-Rolle" versetzen. Diese „Helfer-Rolle" wird bei vielen Betrugsarten verwendet, da sie aus verschiedenen Gründen von Menschen eingenommen wird (vgl. [3]).

Alternativ zur Helfer-Rolle wird das Opfer unter Druck gesetzt und versucht, es so zum „unvernünftigen" Handeln zu drängen. Mit diesem technisch sehr einfachen Vorgehen werden bis heute noch immer eine Vielzahl an Senioren um ihr Geld gebracht. Einzig eine erwähnenswerte Form der Professionalisierung hat hier eingesetzt, denn „moderne" Täter fälschen ihre Telefonnummern. Manche bauen ihre Masche darauf auf, dass beispielsweise von der Telefonnummer „110" angerufen wird. Hierzu bedarf es allerdings weiterer technischer Hilfsmittel und einer noch stärkeren kriminellen Energie. Im Ergebnis werden die Senioren nicht von einer beliebigen, ggf. nicht vertrauenswürdigen Telefonnummer angerufen, sondern von der äußerst vertrauenswürdig erscheinenden „110". Ein Ansatz könnte hier sein, dass der „Enkel" behauptet, er bräuchte das Geld als Kaution bei der Polizei.

Nahezu identisch zum Enkeltrick wird bei dem angesprochenen „CEO Fraud" vorgegangen. Die Unterschiede liegen allerdings darin, dass statt des Telefons meist, aber nicht ausschließlich, eine E-Mail verwendet wird. Statt des

„Enkels“ ist dann der Geschäftsführer in der Leitung und fordert beispielsweise eine Überweisung oder die Weitergabe von Informationen. Dieser Umstand zeigt auf, dass in hoch technologisierten Zeiten wie den unseren immer noch mit einfachen Mitteln ein Betrug durchgeführt werden kann.

Das wirft die Frage auf, wie stark die Schere zwischen den Fähigkeiten der Angreifer und den Fähigkeiten der Verteidigung gegen solche Angriffe auseinandergeht und warum das so ist. Denn professionelle digitale Einbrecher verfügen über weitaus mehr Werkzeuge als jene, welche für den digitalen „Enkeltrick“ notwendig sind.

Unabhängig von diesem speziellen Szenario beobachte ich neben dem tatsächlichen Anstieg von Sicherheitsvorfällen auch eine gesteigerte Wahrnehmung der Fälle.

Behauptet ein Unternehmen beispielsweise, dass noch nie etwas passiert sei, ist die eigentliche Frage, ob das Unternehmen überhaupt hätte erkennen können, dass etwas passiert ist. Die aktuelle, subjektive Wahrnehmung der Vielzahl von Angriffen basiert demnach eventuell auch darauf, dass wir mehr Vorfälle erkennen können als in den vergangenen Jahren. Diese verbesserte Wahrnehmung liegt primär daran, dass die Entwicklungen im Bereich „Erkennung“ sehr stark vorangeschritten sind. Speziell hat sich der Zweig Security Information and Event Management (SIEM) weiterentwickelt. SIEM-Konzepte haben zum Ziel, Informationen und Protokolle innerhalb einer Infrastruktur zu korrelieren und mögliche Unregelmäßigkeiten zu melden.

Allerdings nehmen wir auch deshalb ein Mehr an Sicherheitsvorfällen wahr, weil sich die Art der Vorfälle geändert hat und diese öfter in der Presse publiziert werden.

Stellen wir uns vor, ein professioneller Angreifer hat Daten entwendet. Sie gehen am Montagmorgen zur Arbeit und bemerken nichts Ungewöhnliches, alles ist genauso wie am Freitag zuvor. Die Daten sind trotz des Diebstahls ja immer noch bei Ihnen vorhanden, der Angreifer hat lediglich die Informationen kopiert. An einem regulären „Montagmorgen" zu erkennen, dass am Wochenende alle Dateien kopiert wurden, wäre hier die Aufgabe. Diese Form von Angriff wird mit einer hohen Wahrscheinlichkeit lange Zeit unerkannt bleiben, da kein offensichtlicher Schaden eingetreten ist. Nach einem Bericht der Firma FireEye liegt die Reaktionszeit bei Sicherheitsvorfällen in Europa und dem Nahen Osten bei ca. 469 Tagen. So lange bleiben erfolgreiche Hackerangriffe im Schnitt unbemerkt [4].

Der Trend geht jedoch immer mehr in Richtung der professionellen Erpressung der Opfer digitaler Einbrüche. Angreifer stellen explizite Forderungen und drohen mit entsprechenden Maßnahmen, sollten diese nicht erfüllt werden. Ein solcher Angriff wird, im Gegensatz zu einem reinen Datendiebstahl, nicht unbemerkt an Ihnen vorübergehen. Das bedeutet subjektiv betrachtet, ein unentdeckter Datenabfluss über Jahre fühlt sich „besser" an, da der Schaden nicht wahrgenommen wird, als eine akute Erpressung durch einen Angreifer. Denn bei der Erpressung werden Sie direkt mit dem Schaden konfrontiert.

Die Entwicklung dieses Trends, weg vom „stillen" Datendiebstahl hin zur offensiven Erpressung, ist mehr als spannend. Denn warum kommt es erst jetzt vermehrt zu diesen digitalen Erpressungen?

Hier spielen sicherlich mehrere Faktoren eine Rolle. Ganz wesentlich ist hier, dass aufgrund technischer Möglichkeiten immer mehr Menschen in die Lage versetzt worden sind, eine digitale Erpressung durchzuführen. Die Werkzeuge dazu sind immer einfacher zu beschaffen – und auch leichter zu bedienen.

Der wesentlich größere Faktor besteht meiner Ansicht nach jedoch darin, dass mittlerweile neue Wege existieren, den geforderten Geldfluss sicherzustellen. Die eigentliche Erpressungssituation herzustellen ist nicht das größte „Problem" der letzten Jahre gewesen, sondern vielmehr der für den Erpresser sichere Geldfluss. Es gab kaum Wege für Angreifer, „anonym" an die Erpressungsgelder zu gelangen. Und somit endete dann häufig auch das kriminelle Vorhaben an dieser Stelle. Aktuell besteht dank neuer, digitaler Währungen wie Bitcoins und Co. jedoch die Möglichkeit, die erpresste „Beute" anonym und ohne Angst vor erfolgreicher Strafverfolgung zu erhalten. Entsprechend ist die Kombination aus „Angreifbarkeit" und „Geldfluss" relativ neu und führt zu dem beschriebenen Wandel von „unsichtbaren" Angriffen zu „sichtbaren".

Aus den beschriebenen Begebenheiten heraus besteht das Ziel der IT-Sicherheit darin, die Vorfälle objektiv zu sichten, die Risiken ohne Emotionen zu bewerten, umfangreiches Wissen über die Rahmenbedingungen zu haben und die dann optimalen Schritte einzuleiten. Im weiteren Verlauf des Buches werden tatsächlich stattgefundene Sicherheitsvorfälle unter diesen Gesichtspunkten analysiert und das Vorgehen in der Rolle des „Verteidigers" eingehend beschrieben.

Quellen

1. https://www.wirtschaftsschutz.info/DE/Themen/Wirtschaftskriminalitaet/PDFCEOFraudbka.pdf?__blob=publicationFile&v=7. Zugegriffen am 22.12.2016
2. http://www.polizei-beratung.de/Vertrauenthemen-und-tipps/betrug/enkeltrick.html. Zugegriffen am 22.12.2016
3. https://www.palverlag.de/lebenshilfe-abc/helfersyndrom.html. Zugegriffen am 22.12.2016
4. https://www2.fireeye.com/WEB-RPT-M-Trends-2016-EMEA.html. Zugegriffen am 22.12.2016

2

Grundlagen

Wir wollen Sicherheit und darum stürzen wir uns nicht ohne Helm einen Abhang herunter

Bevor wir näher auf die Sicherheit bzw. die Unsicherheit von Systemen eingehen, gilt es zu klären, welche Bedeutung der Begriff „Sicherheit" hat. Hier sind einige Emotionen, Mythen und unterschiedliche Ansichten verbreitet. Dass das Thema Sicherheit im Allgemeinen sehr emotional besetzt ist, mag daran liegen, dass Unsicherheit oft Bedrohung und damit einhergehend Angst bedeutet. Somit wird das Thema Sicherheit unbewusst durch Ängste und damit durch emotionale Zustände getrieben. Würden aktuelle Generationen sich noch ohne Facebook, WhatsApp, Skype und Co. organisieren, wäre die Abhängigkeit, und somit die Angst vor dem Verlust dieser Technik, deutlich kleiner. Je stärker aber die Durchdringung digitaler Methoden in der Gesellschaft wird, umso stärker werden auch die vorerst subjektiven Ängste vor dem Verlust.

A. Dörsam, *Den Tätern auf der Spur*,
https://doi.org/10.1007/978-3-658-16466-9_2

Genau diesen emotionalen Treibern versuchen sich Sicherheitsspezialisten zu entziehen. Je professioneller Sicherheit „betrieben" wird, desto emotionsloser wird das Thema abgehandelt. Dazu brauchen wir uns nur das Vorgehen im militärischen Umfeld anzuschauen. Dort dominiert das Trainieren und das Ausführen klarer Handlungen und Vorgehensweisen und gipfelt schließlich in Automatismen. Die individuelle Emotion tritt vollkommen hinter die Zielsetzung des Handelns zurück.

Lösen wir uns einmal von der IT und betrachten ein Alltagsbeispiel zum Thema Sicherheit. Stellen wir uns vor, mit einem Fahrrad auf dem Gipfel eines Berges zu stehen. Sehr wahrscheinlich werden wir uns vor der Abfahrt Gedanken darüber machen, ob das Vorhaben sicher bzw. eine gute Idee ist. An diesem Punkt unterstelle ich den meisten Menschen, dass der eigene Überlebenswille uns in der Regel davon abhält, Dinge zu tun, welche wir von vornherein als für uns schädlich einstufen. Sicherlich ist die individuelle Wahrnehmung des Risikos oftmals fern der Realität. Aber auch wenn das Vorhaben schiefgehen sollte, glauben wir in der Regel zunächst an einen positiven Ausgang. Diese Einschätzung in Alltagssituationen wird nicht professionell in Form einer Gegenüberstellung von Argumenten in Excel-Sheets herbeigeführt, sondern findet intuitiv „im Bauch" statt. Dabei wägen wir ab, wie groß die Wahrscheinlichkeit ist, dass uns ein Schaden widerfährt, und wie groß dieser Schaden dann sein könnte. Aus der Wahrscheinlichkeit des Eintretens von „Schmerz" und der Höhe des Schmerzes leiten wir dann das vermeintliche Risiko ab. Diese Bewertung erfolgt sowohl anhand eigener als auch aufgrund der

Erfahrung anderer. Wir fragen uns also: Wie wahrscheinlich ist es, dass ich stürze, und wie weh wird es tun?

Um nun das Risiko auf ein für uns persönlich vertretbares Maß zu reduzieren, können wir lediglich an zwei Punkten optimieren. Es kann zum einen die Wahrscheinlichkeit des Eintretens eines Schadensszenarios reduziert werden und/oder zum anderen die Schadenshöhe. Im Bereich des Risikomanagements sprechen wir hier von Eintrittswahrscheinlichkeit und Schadenshöhe.

Bleiben wir bei dem Beispiel Fahrrad. Eine Möglichkeit, die Eintrittswahrscheinlichkeit zu verringern, wäre, langsamer Fahrrad zu fahren, nicht einen Berg hinunterzufahren oder vorher alle Bäume zu entfernen, gegen die Sie prallen könnten. Das alles führt dazu, dass die Wahrscheinlichkeit des Eintretens eines Schadensfalls sinkt. Neben der Verringerung der Eintrittswahrscheinlichkeit kann dann die Schadenshöhe gesenkt werden. Dabei gehen wir davon aus, dass das, wovor wir Angst haben, eintritt und wir den dann auftretenden Schaden so gering wie möglich halten wollen. In unserem Beispiel könnten dabei zum Beispiel ein Fahrradhelm, Handschuhe, Knieschützer oder Rückenprotektoren hilfreich sein. All diese Methoden würden Verletzungen bzw. den Schmerz bei einem Unfall verringern. Ein Helm ändert aber nichts an der Eintrittswahrscheinlichkeit, also daran, ob wir stürzen oder nicht. Allerdings hilft ein Paar Handschuhe nicht, wenn Sie Angst haben, sich am Rücken zu verletzen, oder ein Helm, wenn Sie die Knie schützen möchten.

Schlussendlich entscheiden wir intuitiv, welche Mischung aus Risiko und Methoden zur Verringerung von Eintrittswahrscheinlichkeit und Schadenshöhe für uns ausgeglichen erscheinen. Diesen dann kontrollierten Zustand halten wir als unser „persönliches Sicherheitsniveau von 100 %" fest. Dies bedeutet bei weitem nicht, dass unser persönliches Sicherheitsniveau absolut gesehen „eine gute Idee" ist. Es bedeutet lediglich, dass wir im Rahmen unserer individuellen Wahrnehmung das für uns optimale Verhältnis aus Bedrohung, Schutz und Handlungsfähigkeit gefunden haben.

Der so durchlebte Prozess ist nichts anderes als eine Risikoanalyse und damit – aus professioneller Sicht – Teil des Risikomanagements. Wichtig beim Verwalten und Bestimmen von Risiken ist es jedoch auch, nicht aus den Augen zu verlieren, was der Zweck der bewerteten Aktivität ist. Denn erreichen wir einen vermeintlich sicheren Zustand, sind aber aufgrund der vielfachen Maßnahmen so unbeweglich geworden, dass wir gar kein Fahrrad mehr fahren können, ist das Ziel verfehlt.

Wird die Definition von „sicher" in diesem Kontext betrachtet, werden Sie feststellen, dass jeder sein ganz eigenes persönliches Sicherheitsniveau hat. Um das zu verdeutlichen, schauen wir uns die Situation noch einmal an.

Jetzt stehen zwei Personen auf dem Gipfel eines Berges und wollen die Abfahrt jeweils mit ihrem Fahrrad meistern. Eine der beiden Personen ist ein durchschnittlicher Fahrradfahrer und die andere ein erfahrener Mountainbiker. Die angesprochene Definition von „sicher" wird bei diesen beiden Parteien sehr wahrscheinlich unterschiedlich sein. An dieser Stelle ist es wichtig, zu erkennen, dass die Einschätzungen und Bedürfnisse durchaus sehr unterschiedlich sein können. Unabhängig vom absoluten Maß an Sicherheit halten die jeweiligen Parteien ihr persönliches Maß jedoch für ausreichend.

Der durchschnittliche Fahrradfahrer wird ggf. mit 10–20 km/h den Berg hinunterfahren und sich mit einem Helm vor den Schäden bei einem Unfall schützen. Der erfahrene Mountainbiker wird die gleiche Abfahrt eventuell mit 30–40 km/h bewältigen und sich mit seinem Helm genauso sicher fühlen wie der durchschnittliche Fahrradfahrer.

Wichtig dabei ist, dass bei der Risikobewertung ein kontrollierter und geplanter Zustand erreicht wird. Beide fühlen sich sicher, haben diese Einschätzung aber nicht mit einem definierten, wiederholbaren Prozess herbeigeführt, sondern beide Parteien haben in dem aktuellen Szenario mit ihrer aktuellen Erfahrung ein für sie passendes Level an Sicherheit erreicht. Das stellt aber bei weitem nicht sicher, dass sich diese Einschätzung auch bei anderen Situationen wiederholen lässt. Der erfahrene Mountainbiker kennt die Tücken und Gefahren beim Befahren von Waldstrecken. In diesem Szenario sind seine Einschätzungen, basierend auf seiner Erfahrung, eventuell auch zuverlässig und wiederholbar. Wenn nun dieser Mountainbiker ausnahmsweise statt auf Waldwegen auf der Straße mit einem Rennrad unterwegs ist, so verfügt er hier nicht über die Erfahrung in Bezug auf Gefahren und Schutzmaßnahmen. Er wird nicht gut einschätzen können, wie hoch das Risiko ist, durch einen Pkw erfasst zu werden oder auf nasser Straße mit dem Rennrad wegzurutschen. Sobald Sicherheit professionell betrieben werden soll, geht es jedoch darum, sowohl im Wald als auch auf der Straße einen kontrollierten, möglichst sicheren Zustand zu erreichen.

Wie Sie der aufgezeigten Schwierigkeit entnehmen konnten, ist es unumgänglich, das persönliche Sicherheitsniveau zu definieren. Aus dieser Definition leitet sich unter anderem die Verantwortung der Einzelperson ab, das eigene Sicherheitsmaß anhand der eigenen Erfahrung und Fähigkeiten zu bewerten. Die Verantwortung ist deshalb relevant, da dieses persönliche Sicherheitsniveau nicht einer 100 %igen Sicherheit entsprechen kann. Es liegt im Rahmen der Möglichkeiten, dass beispielsweise ein Herstellungsfehler am Fahrrad vorliegt und bei der Abfahrt eventuell ein Defekt auftritt, welcher zum Sturz führt. Dennoch fahren wir nicht Fahrrad, als würde jeden Moment der Lenker wegen eines Herstellungsfehler wegbrechen. Verantwortung im Risikomanagement bedeutet also auch, Restrisiken zu akzeptieren. Wie groß diese Restrisiken sind, gilt es zu ermitteln. Doch schlussendlich ist das Maß der Sicherheit weniger ausschlaggebend als die Stringenz der Entscheidung. Es ist also wichtiger, zu wissen, ob der aktuelle Zustand für einen passt, als zu sagen: „Ich weiß nicht, ob das eine gute Idee ist!“ und das Thema Sicherheit ausschließlich dem Glück zu überlassen.

So könnte rein zufällig und damit unkontrolliert ein höheres absolutes Maß an Sicherheit erreicht werden. Das wäre so, als wenn Sie zufällig „Regenreifen“ – also Reifen mit einer bei Regen gut haftenden Gummimischung und entsprechendem Profil – auf Ihrem Fahrrad montiert haben, wenn es gerade regnet. Da diese Einstufung aber immer nur eine Momentaufnahme darstellt, ist es bei einem „unkontrollierten“ Zustand nur eine Frage der Zeit, bis er, absolut gesehen, unsicherer wird. Denn hört der Regen auf, ist der Regenreifen auf Ihrem Fahrrad nicht mehr die optimale Wahl.

Ich rate an dieser Stelle davon ab, Ihre Sicherheit ausschließlich auf Glück aufzubauen. Montieren Sie nicht Regenreifen und warten Sie darauf, dass es regnet. Verwenden Sie stets den Reifen, der für Sie optimal zur Situation passend erscheint. Um dies noch einmal zu verdeutlichen, schauen wir uns ein weiteres Szenario an, in dem die beschriebenen Fahrradfahrer Spikes in ihren Reifen haben. Diese Schrauben bewirken, dass die Reifen trotz Schnee oder Eis deutlich weniger rutschen als ohne Spikes. Entfernt ist das Konzept mit Schneeketten zu vergleichen. Nun hat einer der Fahrradfahrer sich „zufällig" für einen Reifen mit Spikes entschieden und fährt damit im Winter einen Abhang hinunter. In diesem Falle ist er im Hinblick auf Traktion im Vorteil. Da sich dieser Radfahrer – unserer Annahme nach – aber nicht gezielt für Spikes entschieden hat, sondern nur für „irgendeinen Reifen", an dem zufällig Spikes montiert sind, lässt er die Spikes auf dem Fahrrad, bis der Schnee getaut ist, und fährt nun damit auf der Straße. Auf trockener Straße haben Spikes allerdings wesentlich weniger Traktion als Gummi und somit ist der Fahrer deutlich unsicherer unterwegs, als er es mit einem herkömmlichen Reifen gewesen wäre. Der bisherige Vorteil an Sicherheit ändert sich nun zu einem Nachteil.

Kontrolliertes Risikomanagement bedeutet, zu jeder Zeit zu wissen, welche Reifen montiert sind und warum. Es heißt nicht, dass immer das absolute Maximum an Sicherheit angestrebt wird. Dieser Unterschied wird dafür sorgen, dass Sie sich sowohl im Schnee als auch auf trockener Fahrbahn den aktuellen Umständen anpassen können.

Losgelöst von Ihrem persönlichen Sicherheitsniveau ist es zusätzlich notwendig, die „Sicherheit" auf das notwendige Minimum zu beschränken, falls Ihre gewählten Sicherheitsmaßnahmen hemmend wirken.

Achten Sie darauf, kein Maß an Sicherheit anzustreben, welches so hoch ist, dass es den eigentlichen Nutzen zum Erliegen bringt. Ein Beispiel: Da Sie mit einem Fahrrad wahrscheinlich keine Geschwindigkeiten um oder über 100 km/h erreichen, wäre das Tragen einer weitaus sichereren Motorrad-Schutzkleidung auf dem Fahrrad vermutlich lediglich hemmend und unnötig teuer. Denn Fahrradfahren in einer Lederkombi und mit Motorradhelm mag zwar sicherer sein, aber eben auch wesentlich unangenehmer zu tragen als Jeans, T-Shirt und Fahrradhelm. Maßnahmen, welche weder „kosten" noch „hemmen", aber die Sicherheit erhöhen, sind vermutlich „immer" sinnvoll.

Entscheidet sich eine Person oder ein Unternehmen bewusst und in vollem Wissen um die Konsequenzen gegen (maximale) Schutzmaßnahmen und kann das auch sachlich begründen, ist dem kaum etwas entgegenzusetzen. Denn es ist eben nicht für jedes Szenario sinnvoll, maximale Schutzmaßnahmen einzusetzen. Ferner gilt die Regel: „Wir geben keine 10 € aus, um 5 € zu schützen." Auch aus betriebswirtschaftlicher Sicht müssen sich die Maßnahmen in einem sinnvollen Rahmen bewegen.

Abschließend kann an dieser Stelle zusammengefasst werden, dass ein großer Teil der Sicherheit darauf basiert, Risiken zu erkennen und Bedrohungen wahrzunehmen. Als Grundlage für die Einschätzung Ihrer Sicherheit befasst sich das folgende Kapitel mit dem Erkennen von Sicherheitsvorfällen.

2.1 Erkennen von Sicherheitsvorfällen

Wie bereits auf den vorhergehenden Seiten dargestellt, basiert ein großer Teil der Bewertung von Sicherheit auf Erfahrung, speziell auf den Erfahrungen rund um die Eintrittswahrscheinlichkeit eines Schadensszenarios. In dem beschriebenen Beispiel des Fahrradfahrens wissen wir in der Regel, wie häufig wir bisher gestürzt sind und wie groß der dabei empfundene Schmerz war. Neben unseren eigenen Stürzen könnten wir uns darüber hinaus informieren, wie viele Fahrradfahrer in welchen Situationen bereits gestürzt sind und welche Folgen sie dabei davongetragen haben. Entsprechend haben wir eine sehr gute Informationsbasis, um die dann jeweils aktuelle Situation möglichst genau einstufen zu können. Wollen wir mit dem Fahrrad und ohne spezielle Bereifung beispielsweise über eine Eisplatte fahren, hätten wir vorher die Möglichkeit, herauszufinden, mit welcher Wahrscheinlichkeit wir stürzen werden.

Beim Versuch, dieses Vorgehen auf die digitale Welt zu übertragen, stoßen wir genau an diesen Punkten auf eklatante Probleme.

Das Beispiel des Fahrradfahrens basiert darauf, dass wir Erfahrungen gesammelt haben. Doch stellt sich im Bereich der IT-Sicherheit an dieser Stelle die Frage: „Wären Sie in der Vergangenheit in der Lage gewesen, einen Einbruch oder eine Manipulation zu bemerken?“ Die Antwort auf diese Frage ist der Grundstein dafür, Erfahrungen überhaupt erst sammeln zu können. Bei einem Fahrradunfall ist der Umstand in der Regel sehr klar zu erkennen. Aber würden Sie es feststellen, wenn genau in diesem Moment ein Angreifer sämtliche Ihrer lokalen Daten oder ggf. Ihr E-Mail-Konto bei einem entsprechenden Anbieter kopiert?

Aufgrund meiner Erfahrung ist die Antwort auf diese Frage üblicherweise „Nein“. Entsprechend kann das Konzept der Definition von Sicherheit, basierend auf dem wahrgenommenen Schmerz wohl kaum funktionieren, wenn der Schmerz gar nicht wahrgenommen werden kann. Wie können Sie also abwägen, wie viel in einem Schadensfall tatsächlich passiert, wenn Sie zuvor nicht selbst in die Erkennung und Überwachung solcher Fälle investiert haben?

Meiner Ansicht nach ist das Abschätzen der Bedrohungssituation kaum möglich, solange wir bei der Betrachtung den Fokus vorerst nicht exklusiv auf solche Schadensfälle legen, die der Betroffene mit sehr hoher Wahrscheinlichkeit wahrnimmt. Dazu zählen allem voran digitale Erpressungen und sogenannte Defacements von Internetseiten, also deren unberechtigtes Verändern. Eine Erpressung ergibt nur dann Sinn, wenn der Erpresste darüber informiert und eine Forderung gestellt wird. Dadurch wird sie wahrgenommen und es kann für solche Fälle die Anzahl der Erpressungen bestimmt werden. Anhand dieser Anzahl können wir zumindest approximieren, wie viel Angriffe es insgesamt geben könnte, und so eine Eintrittswahrscheinlichkeit ableiten.

Als weiterer Indikator können ebenso die Defacements dienen. Bei einem Defacement geht es dem Angreifer in der Regel darum, eine Webseite in irgendeiner Form offensichtlich zu verändern. Ein Beispiel dafür können Sie der Abb. 2.1 entnehmen.

Meist versuchen die Angreifer dabei ihr Pseudonym und eine Nachricht zu platzieren. Dieser Vorgang kann als eine

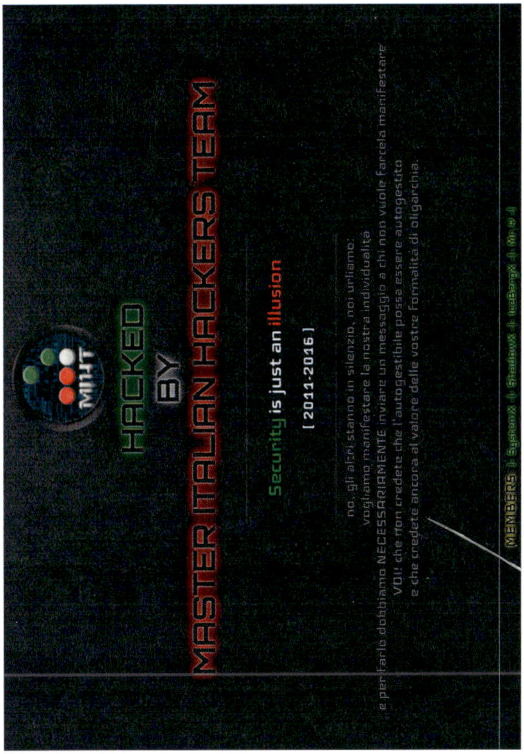

Abb. 2.1 Unberechtigt veränderte Webseite [1]

Art digitales Graffiti angesehen werden. Auch hier können Werte bei der Betrachtung von Eintrittswahrscheinlichkeiten hinzugezogen werden. Als Beispiel hierfür folgt eine Übersicht über die Top-20-Defacer von [1] (Abb. 2.2).

An diesen Werten können Sie erkennen, dass es einzelne Pseudonyme bereits auf ca. 300.000 gehackte Webseiten in ihrer Benutzerstatistik auf dem Portal schaffen. Diese Zahl gilt für die Gesamtzahl der Hacks dieser Benutzer. Insgesamt handelt es sich somit um mehrere Millionen „defacer"-Webseiten allein auf diesem Portal. Im Portal zone-h.com wurden in Spitzenzeiten ca. 1,5 Millionen gehackte Webseiten pro Jahr erfasst. Bei ca. 800 Millionen Webseiten im gesamten Internet im Jahr 2015 [2] ergibt sich somit die Wahrscheinlichkeit von circa 533 zu 1, dass es Ihre Webseite in diesem Jahr trifft. Berücksichtigen Sie dabei, dass die 1,5 Millionen, mit denen ich hier gerechnet habe, lediglich diese spezielle Art des Angriffes und nur das Portal zone-h.com betreffen.

Wenn wir die Erfahrungen anderer zugrunde legen, ergibt sich eine hohe Wahrscheinlichkeit eines digitalen Angriffes auf Ihre Infrastruktur. Umso wichtiger werden Methoden zur Erkennung solcher Bedrohungen, um im Fall der Fälle wenigstens den Einbruch schnellstmöglich zu bemerken.

2.1.1 Methoden zur Erkennung von Sicherheitsvorfällen

Wenn Sie die Kompetenz erlangen wollen, Sicherheitsvorfälle erkennen zu können, bedarf es verschiedenster Werkzeuge. In den meisten Fällen versuchen Unternehmen,

N°	Notifier	Single def.	Mass def.	Total def.
1.	Hmei7	139651	154657	294308
2.	d3b~x	84208	76964	161172
3.	Index Php	78588	74359	152947
4.	iskorpitx	78016	393409	471425
5.	Sejeal	52296	53936	106232
6.	1923Turk	43656	228831	272487
7.	misafir	29191	52504	81695
8.	GHoST61	23687	303670	327357
9.	Fatal Error	23304	50851	74155
10.	ZoRRoKiN	23047	40748	63795
11.	w4l3xzy3	21717	30533	52250
12.	Ashiyane Digital Security Team	21192	56741	77933
13.	muhmademad	19680	19759	39439
14.	SA3D HaCk3D	19356	66666	86022
15.	chinafans	18876	22411	41287
16.	HighTech	18167	34398	52565
17.	KaMtiEz	14875	16437	31312
18.	jok3r	13578	11402	24980
19.	BD GREY HAT HACKERS	13037	52332	65369
20.	HolaKo	11862	7061	18923

Abb. 2.2 Defacer-Statistik [1]

Unregelmäßigkeiten und Abweichungen, also Anomalien, in ihrer Infrastruktur zu erkennen. Ziel einer Anomalie-Erkennung ist es also, im übertragenen Sinne, festzustellen, dass Ihr Fahrradreifen platt ist.

Für die Erkennung von Anomalien gibt es dabei mehrere Ansätze, welche im Folgenden näher beschrieben werden.

2.1.1.1 Pattern

Eine Möglichkeit der Erkennung von schadhaftem Verhalten Ihrer IT ist im weitesten Sinne das Überwachen der Infrastruktur anhand fester Zeichenketten (Pattern). Die Idee dabei ist, dass ein Hersteller/Dienstleister bekannte Angriffe analysiert und Indikatoren für diese identifiziert. Ein Indikator kann zum Beispiel ein „Fingerabdruck" einer Datei sein. Findet der Hersteller in der „freien Wildbahn" beispielsweise eine Schadsoftware, kann er aus dieser eine eindeutige Zeichenfolge ableiten. Trifft dann die Schutzsoftware auf eine Datei, welche bei gleichem mathematischen Vorgehen die identische Zeichenfolge bestimmt, handelt es sich um einen Fund. Das ist damit zu vergleichen, dass auf einem Fahrradmantel üblicherweise der notwendige Luftdruck notiert ist. Sie können dann mit Ihrer Fahrradpumpe kontrollieren, ob der Luftdruck im Fahrradreifen dem vom Hersteller vorgeschriebenen entspricht.

Diese Pattern-Methode war eine der ersten Methoden zur Erkennung von Schadsoftware in der IT-Sicherheit und wird bis heute eingesetzt. Vorteile sind die eindeutige Identifikation von schadhaften Dateien und das „einfache"

Abgleichen mit Pattern-Datenbanken. So lernen alle Betroffenen von den Erfahrungen der anderen.

Ein sehr großer Nachteil dieser Pattern-Methode besteht jedoch darin, dass sie natürlich nur Schadsoftware erkennen kann, welche bereits bekannt und verteilt ist. Ist jedoch die Schadsoftware, die Sie aktuell bedroht, entweder vorher noch nicht aufgetreten oder Ihr Hersteller für Anti-Schadsoftware hat die entsprechenden Patterns noch nicht ausgerollt, besteht für Ihr System auch kein ausreichender Schutz.

Aktuell werden pro Tag geschätzte 390.000 neue Programme mit schadhaftem Verhalten erzeugt und in Umlauf gebracht. [3]

Eine Übersicht über die letzten 5 Jahre liefert hier av-test.org: Es zeigt sich eine Zunahme der Malware von 100.000.000 im Jahr 2012 auf knapp 600.000.000 im Jahr 2016 [4].

Bei einer angenommenen Erkennungsrate von 90 % ergibt das eine Anzahl von 39.000 schadhaften Programmen pro Tag, welche nicht erkannt werden. Diese Anzahl lässt mehr als ausreichend Spielraum für erfolgreiche Angriffe. Daher ist von einem rein Pattern-basierten Vorgehen eher abzuraten.

2.1.1.2 Heuristiken

Um das offensichtliche Problem der Patterns anzugehen, wurde vor einigen Jahren die Methodik von Heuristiken in Schutzsoftware aufgenommen. Bei Heuristiken handelt es sich um Methoden, die bei einer begrenzten Informationsbasis ein hinreichendes Ergebnis liefern. Ein Beispiel für eine einfache Heuristik ist das Fangen eines Balles. Wenn Sie einen Ball zugeworfen bekommen, könnten Sie beginnen die Flugbahn zu berechnen, um den Punkt der Landung zu identifizieren. Die Formel hierfür würde lauten (für $\beta \neq 0$, Schwerebeschleunigung $g = 9{,}81\ m/s^2$, Geschwindigkeit v_0, Anfangshöhe h_0):

$$\begin{aligned} R &= \frac{{v_0}^2}{2g}\sin(2\beta)\left[1+\left(1+\frac{2gh_0}{{v_0}^2\sin^2\beta}\right)^{1/2}\right] \\ &= \frac{v_0\operatorname{Cos}\beta}{g}\left(v_0\sin\beta+\sqrt{(v_0\sin\beta)^2+2gh_0}\right) \end{aligned}$$

Falls Sie nicht gerade ein Mathe-Enthusiast sind und dies im Kopf ausrechnen können, können Sie alternativ den Ansatz der Heuristik nutzen. Dabei schauen Sie den fliegenden Ball an und laufen bzw. rennen los. Sie müssen so schnell laufen, dass sich Ihr Blick auf den Ball im Winkel nicht verändert. Es kommt nicht darauf an, wie schnell Sie laufen, solange Sie so schnell laufen, dass der Blick auf den Ball gleich bleibt. Während des Rennens spielt es auch keine Rolle, wo der Ball landen wird. Am Ende sollten Sie ungefähr dort sein, wo der Ball den Boden berühren würde.

Ähnliches versuchen wir in der IT-Sicherheit auch, da es auch hier nicht darum geht, alles immer bis ins Detail zu berechnen. Heuristische Methoden in der IT wollen – basierend auf begrenzten Informationen – ein hinreichendes Ergebnis erzielen. An dieser Stelle möchte ich noch ein Beispiel anführen, welches mich vor vielen Jahren auf die

Thematik der Heuristiken gebracht hat. Ungefähr im Jahr 2001 wurden Netzwerke von einer Software wie Snort® überwacht. Snort® ist ein Programm, das den Netzwerkverkehr anhand statischer Regeln (ähnlich den Patterns) auf Anomalien hin untersucht. Für eben dieses Snort wurde ein heuristisches Plug-in entwickelt, um Netzwerkangriffe zu erkennen. Dabei ging es um Angriffe, welche die Probleme des Netzwerkprotokolls „Transmission Control Protocol", kurz TCP, ausnutzten. Bei TCP handelt es sich um ein verbindungsbezogenes Protokoll zwischen mehreren Computern. Um diese Verbindung aufzubauen, gibt es einen eigenen Prozess. Eben dieser Verbindungsaufbau bietet diverse Hebel für Angreifer. Daraus resultierte, dass einige Angriffe sogenannte halboffene Verbindungen erzeugt haben, um die Kommunikation des angegriffenen Computers zum Erliegen zu bringen. Normalerweise ist der Verbindungsaufbau einer TCP-Verbindung in einem 3-Wege-Handschlag abgehandelt. Es gibt ein TCP-SYN von Partei A, das den Verbindungsaufbau des Benutzers gegenüber der Gegenstelle suggeriert. Die Partei B antwortet dann im positiven Fall mit einem SYN+ACK, dabei steht ACK für „acknowledge", also bestätigen. Dieses SYN+ACK wiederum wird im letzten Schritt durch die Partei A mit einem SYN+ACK+ACK bestätigt. Eine halboffene Verbindung entsteht beispielsweise dann, wenn der Angreifer zwar ein SYN schickt, aber auf das SYN+ACK nicht mehr reagiert. Das dahinterliegende Problem ist, dass der „Server", also Partei B, in diesem Falle die Verbindung aber vorerst offen lässt und davon ausgeht, dass das SYN+ACK+ACK schlicht verlorengegangen ist. So wiederholt der Server sein SYN +ACK mehrmals und wartet auf Antwort, welche er nicht bekommt. Da die Anzahl gleichzeitiger Verbindungen auf dem Server begrenzt ist und das Schicken mehrerer Wiederholungen auch Rechenzeit kostet, ist das eine gute Grundlage für Angriffe mit „zerstörerischem“ Hintergrund, sogenannte Denial-of-Service-Attacken.

Das Projekt, das meine Aufmerksamkeit auf dieses Thema lenkte, hatte das Ziel, solche Angriffe zu erkennen. Dabei definierten die Forscher das „normale“ Verhalten des Handschlags anhand des vorgestellten 3-Wege-Handschlags. Sie definierten weiter, dass eine offensichtlich halboffene Verbindung grundsätzlich keinen positiven Zweck haben könne. Dabei erfolgt die Bewertung unabhängig davon, was der genaue Hintergrund der halboffenen Verbindung ist. Auch wenn das an diesem Beispiel trivial erscheint, die Ursache für eine halboffene Verbindung spielt keine Rolle, der Schutzmechanismus reagiert auf das Verhalten. Sobald eine scheinbar halboffene Verbindung vorliegt, greift der Mechanismus ein und meldet diese Verbindung bzw. versucht sie zu beeinflussen.

Ähnlich hat sich der Bereich der Erkennung von Schadsoftware entwickelt. Hier ist es ebenfalls am Ende irrelevant, welche Datei oder welches Programm ggf. anhand eines Patterns erkannt wird. Das Verhalten der Datei ist ausschlaggebend für die Erkennung. Greift eine Datei/ein Programm beispielsweise besonders häufig auf systemrelevante Daten zu oder auf eine besondere Kombination von Dateien, wird unterstellt, dass es sich um ein schadhaftes Verhalten handelt. Daraus abgeleitet kann die These aufgestellt werden, dass die eigentliche Schadsoftware bis zu dem Zeitpunkt des schadhaften Verhaltens uninteressant ist.

Dies ist eine deutlich andere Sicht auf das Thema, als es bei Patterns der Fall ist. Diese Sicht bedeutet, dass wir eine Schadsoftware erst dann erkennen bzw. darauf reagieren, wenn von der Software tatsächlich Schaden ausgeübt werden soll. Um auch hier den Vergleich zu dem Fahrradreifen aufzugreifen: Sie überwachen nicht, ob Sie einen Nagel, eine Schraube, einen Stein oder ein Messer im Reifen stecken haben, Sie überwachen lediglich, ob Ihr Fahrradreifen „genug" Luftdruck aufweist, um seinen Zweck zu erfüllen, unabhängig davon, ob er durch ein potenziell schädigendes Objekt „kompromittiert" wurde.

2.1.1.3 Data Leakage Prevention (DLP)

Wenn die bisher vorgestellten Ansätze der Pattern-Überprüfung und der Heuristiken weiter verfolgt werden, stellt sich die Frage, ob der Fokus nicht noch stärker auf dem Verhalten von Schadsoftware liegen kann als auf der Erkennung der eigentlich infizierten Dateien. Zumal noch hinzukommt, dass auch Benutzer ein schadhaftes Verhalten an den Tag legen könnten, das sich durch ein Pattern sicher nicht erkennen lässt.

Damit stellt sich automatisch die Frage, auf was ein schädliches Verhalten reduziert werden kann. In der Regel ist das:

- Abfluss von Informationen
- Manipulation von Informationen
- Stören der Funktion

Die Data Leakage Prevention (DLP) fokussiert dabei den Abfluss von Informationen. Es geht also darum, feststellen zu können, ob in diesem Moment ein Angreifer Ihre Daten stiehlt, und darauf bei Bedarf zu reagieren. Grundsätzlich wird ein DLP-System taktisch so positioniert, dass die Informationen, welche geschützt werden sollen, nur durch das DLP-System nach „außen" gelangen können. Wollen Sie also die Forschungsabteilung schützen, sollte das DLP-System auch den Netzwerkverkehr der Forschung „beobachten" und nicht etwa den der Personalabteilung. Ab diesem Punkt des DLP-Konzepts kann wieder mit Patterns oder Heuristiken gearbeitet werden.

Sie könnten beispielsweise ganz klassisch Ihre Dokumente mit Wasserzeichen versehen. Das bedeutet, Sie bringen an Ihren Dokumenten eine Markierung an und wenn eine Datei, zum Beispiel als E-Mail, das Unternehmen verlassen soll, prüft das DLP-System, ob die angehängte Datei über eine Markierung verfügt. Abhängig von den von Ihnen hinterlegten Regeln kann eine E-Mail mit einem Dokument, welches zum Beispiel nur für die interne Nutzung vorgesehen ist und ein entsprechend eindeutiges Wasserzeichen aufweist, durch das DLP-System blockiert werden. Damit adressieren Sie also nicht die eigentliche Ursache, sondern die Konsequenz einer Infektion bzw. eines Fehlverhaltens.

Die vorgestellten Maßnahmen ermöglichen also, ein Fehlverhalten der eigenen Infrastruktur zu detektieren, und das unabhängig von der eigentlichen Ursache. Ähnlich der Heuristik überwachen Sie bei diesem Ansatz nicht, warum Ihr Reifen Luft verliert, Sie stellen nur fest, dass Luft entweicht. Der Unterschied zwischen DLP-Systemen und der Heuristik liegt allerdings darin, dass die Heuristik versucht, die Funktionsfähigkeit des Reifens zu überwachen, und das DLP-System einzig darauf achtet, ob Luft entweicht.

2.1.2 Fazit: mehrere Werkzeuge einsetzen

Keines der Werkzeuge ist für sich alleine eine ausreichende Lösung für alle vorhandenen Problemstellungen. Eine ausgewogene Mischung der vorgestellten Methoden wird jedoch in den meisten Fällen ein hohes und angemessenes Maß an Sicherheit ermöglichen. Nach den Erfahrungen aus diversen Projekten zeigte sich allerdings auch, dass nicht unbedingt der Hersteller oder das einzelne Modell über „Sieg oder Niederlage" entscheidet, sondern viel eher das durchdachte Konzept hinter der Implementierung. Häufig verfügen Netze über Sicherungsmechanismen, welche aufgrund ihrer Anordnung oder Konfiguration nahezu wirkungslos sind. Einer der Hauptpunkte dabei scheint das grundsätzliche Design von Netzen zu sein, hier wird versucht, architektonische Fehler und Schwächen mit Technik „zu erschlagen". Um das obige Beispiel der Forschungsabteilung noch einmal aufzugreifen: Soll ein DLP-System die Forschungsabteilung schützen, so ist es wirkungslos, wenn es in der Personalabteilung platziert wird. Ähnlich wie ein Fahrradhelm, der an den Lenker gehängt den Kopf wahrscheinlich nicht schützen kann, sind auch IT-Sicherungssysteme nur im richtigen Kontext wirkungsvoll.

2.1.3 Reaktion auf Sicherheitsvorfälle

Sind Sie nun in der Lage, Sicherheitsverstöße zu erkennen, so stellt sich als Nächstes die Frage, wie Sie im Ernstfall reagieren wollen. Bei Sicherheitsvorfällen handelt es sich aufgrund der damit verbundenen Ängste um ein nicht selten sehr emotionales Thema. Diese Emotionen treten im Ernstfall voll zu Tage und beeinträchtigen ggf. die ab dann zu treffenden Entscheidungen und durchzuführenden Handlungen. Doch auch im Behandeln von Sicherheitsvorfällen ist es von großer Bedeutung, die Emotionen beiseitezulegen und das Vorgehen so genau wie möglich sachlich vorzubereiten. Denn innerhalb der ersten Stunden eines Vorfalls stellen Sie die Weichen für alle weiteren Schritte und deren Ergebnisse. Entsprechend hoch zu bewerten ist die Tragweite Ihrer ersten Aktionen. Hierbei ist die Rolle des digitalen Ersthelfers nicht stark genug zu gewichten. Halten Sie sich immer vor Augen, dass jede Handlung und Entscheidung ggf. weitreichende und irreversible Konsequenzen hat.

IT-Sicherheitsvorfälle sind von den Verhaltensweisen und dem Stresslevel der Betroffenen durchaus mit klassischen Notfällen zu vergleichen. Es gibt Betroffene, welche regelrecht schockstarr und vollkommen entscheidungs- und handlungsunfähig sind, es gibt jene, die einen kühlen Kopf bewahren, und wieder andere, die in wilden Aktionismus verfallen. Trotz solch angespannter Situationen müssen valide Entscheidungen getroffen werden, wie beispielsweise bei einem Verkehrsunfall, also ob und wie Verletzte durch Ersthelfer geborgen werden, welche Schäden durch die Bergung für die betroffene Person und die Ersthelfer entstehen können und viele weitere Fragestellungen.

Stellen Sie sich vor, dass ein Angreifer Ihre Infrastruktur erfolgreich attackiert hat und Sie somit in eine kompromittierte Situation gebracht hat. Abstrakt gesprochen bleiben Ihnen lediglich zwei Optionen. Eine Option ist das Sichern Ihrer Infrastruktur. Das bedeutet, den akuten Schaden und möglichst auch weitere Schäden abzuwenden. Dafür ist es meist notwendig, Veränderungen an der Infrastruktur durchzuführen. Sie werden versuchen, die Lücken zu schließen, die der Angreifer genutzt haben könnte, und die ggf. infizierten Maschinen zu bereinigen.

Die zweite Option besteht darin, zu ermitteln, was genau passiert ist, um ggf. Informationen über Herkunft, Motivation und Vorgehen des Angriffs zu erhalten. Häufig laufen diese Aktivitäten konträr zueinander. Versuchen Sie den Angreifer „loszuwerden" bedeutet das, dass Sie Schwachstellen Ihrer Systeme schließen müssen. Beginnen Sie Schwachstellen zu schließen, verändern Sie die Systeme. Entsprechend ist es ohne vorheriges, gerichtsfestes Kopieren der Daten fast unumgänglich, die von dem Angreifer erzeugten Spuren zu verwischen, wenn Sie beginnen „die Schotten dicht zu machen". Ermitteln Sie hingegen gegen den Angreifer, kann es sein, dass Ihre Struktur vorerst weiter angreifbar bleibt, denn zuerst werden Informationen durch das Krisenteam gesammelt und analysiert und erst danach werden Dinge verändert. Das Schwierige bei diesen Entscheidungen ist, dass es dabei kein allgemeingültiges richtig oder falsch gibt. In einigen Fällen wird es sinnvoll sein, so schnell wie möglich den Zugriff durch den Angreifer zu beenden und ein erneutes Eindringen so schwierig wie möglich zu gestalten. Die eigentliche Täterschaft kann dabei in den Hintergrund rücken. In anderen Fällen wiederum kann es von großer Wichtigkeit sein, den Täter oder zumindest dessen Vorgehen möglichst genau zu analysieren. Beide Vorgehensweisen werden Sie allerdings an Fragestellungen heranführen, bei denen Sie sich – unter Umständen endgültig – für eine der Richtungen entscheiden müssen. Die Vorbereitung auf einen Sicherheitsvorfall hat zum Ziel, dass möglichst keine Wege eingeschlagen werden, für die Sie sich nicht bewusst entschieden haben. Wird bei einem Entweder-oder-Szenario eine Entscheidung herbeigeführt, darf das in keinem Fall „aus Versehen“ passieren.

Im Verlauf des Buches werde ich noch einmal vertiefend auf die hier skizzierten Problematiken eingehen und darlegen, wie Sie damit umgehen können.

2.1.4 Aus dem Schaden anderer lernen

Das Feld rund um digitale Vorfälle ist sehr schwierig einzuschätzen und erfordert ein hohes Maß an Erfahrung und Wissen. Da dieses Gebiet aber relativ neu ist und nahezu keine Referenzwerte existieren, sind die potenziellen Risiken bei der Behandlung eines Vorfalles zwangsläufig sehr groß. Begleiten Sie mich nun bei meiner Arbeit als IT-Sicherheitsexperte und erfahren Sie anhand tatsächlicher Begebenheiten mehr zu den Problemen und Fragestellungen, die hinter IT-Sicherheitsvorfällen stehen.

Meiner persönlichen Einschätzung nach ist der Rückgriff auf Erfahrungen in der Behandlung solcher Vorfälle der Schlüssel dafür, sich für zukünftige Vorfälle bestmöglich zu rüsten.

Die nun folgenden Vorfälle spielten sich alle innerhalb der letzten 36 Monate ab und entsprechen echten Fällen, welche unter meiner Leitung im Notfallmanagement betreut wurden. Alle Fälle wurden im Hinblick auf die verwendeten Namen und Details so angepasst, dass kein Rückschluss auf den ursprünglichen Kunden möglich ist. Inhaltlich haben jedoch keine Anpassungen stattgefunden, die Fälle sind tatsächlich genau so passiert. Alle Einzelfälle wurden durch die damals betroffenen Kunden für die Wiedergabe in der Ihnen vorliegenden Form freigegeben.

Und jetzt wünsche ich Ihnen viel Spaß beim Einblick in den Alltag eines IT-Forensikers und Sicherheitsexperten!

Quellen

1. zone-h.com. Zugegriffen am 22.12.2016
2. https://de.statista.com/statistik/daten/studie/290274/umfrage/anzahl-der-webseiten-weltweit/. Zugegriffen am 22.12.2016
3. https://www.av-test.org/de/statistiken/malware/. Zugegriffen am 22.12.2016
4. https://www.av-test.org/typo3temp/avtestreports/malware-last-5-years_sum_de.png. Zugegriffen am 22.12.2016

3 Was als normaler Angriff beginnt und in professioneller Spionage endet

3.1 Die Kontaktaufnahme

Im Verlauf des Herbstes 2015 kontaktierte uns ein Interessent zwecks der Betreuung eines vermeintlichen Sicherheitsvorfalls. Der Interessent, im weiteren Verlauf „Virenschleuder AG“ genannt, schilderte, dass die eigene Webseite scheinbar von Kriminellen übernommen worden war.

Nach seiner Aussage war die Webseite verändert und verteilte seither diverse Schadsoftware. Bei der durch die kompromittierte Seite verbreiteten Software handelte es sich nach Aussage des Interessenten um Ransomeware, eine spezielle Art von Schädling, die in den meisten Fällen versucht, Daten zu verschlüsseln, auf welche das Wirtssystem zugreifen darf. Dies gilt einerseits für lokal abgelegte Dateien, andererseits auch für im Netzwerk zugreifbare Daten. Üblicherweise erpresst dann

A. Dörsam, *Den Tätern auf der Spur*,
https://doi.org/10.1007/978-3-658-16466-9_3

der Angreifer einen gewissen Betrag zur Freigabe der durch ihn verschlüsselten Dokumente. Dass es sich in diesem Falle um genau dieses Muster handelte, schien der Virenschleuder AG von vornherein ganz klar zu sein. Woher diese Erkenntnis kam, stellte sich dann auch zeitnah heraus, denn ein Mitarbeiter der Virenschleuder AG war zum Zeitpunkt der Kontaktaufnahme bereits selbst infiziert worden. Nur befand sich der Mitarbeiter zum Zeitpunkt des Ausbruchs nicht innerhalb des eigenen Unternehmens oder im Homeoffice, sondern bei einem Kunden unseres Interessenten – im weiteren Verlauf als „Pechvogel GmbH" bezeichnet – und dort in dessen Netzwerk. Zum Zeitpunkt der Kontaktaufnahme hatte der PC des Mitarbeiters der Virenschleuder AG die Netzlaufwerke der Pechvogel GmbH nahezu vollständig verschlüsselt. Das Verschlüsseln der Netzlaufwerke ist bei den meisten Unternehmen gleichzusetzen mit einer beinahe vollständigen Arbeitsunfähigkeit – so auch bei der Pechvogel GmbH.

Aufgrund dieser Brisanz und der Angst des Kunden, die eigene Website könne noch mehr Schaden anrichten, wollte sich unsere Kontaktperson ein eigenes Bild der Lage verschaffen. Dies erfolgte durch das Aufrufen der eigenen Website von einem weiteren Unternehmenscomputer der Virenschleuder AG. Für unseren Ansprechpartner dabei überraschend, verschlüsselte nun auch dieser Computer das Netzwerk, in dem er sich befand. Dieses Mal handelte es sich aber um die Dateien der Virenschleuder AG. So schaffte es die Schadsoftware also innerhalb kurzer Zeit, nicht nur die Netzlaufwerke der Pechvogel GmbH, sondern auch die der Virenschleuder AG zu verschlüsseln.

Zum Zeitpunkt der Kontaktaufnahme waren also bereits zwei Unternehmen fast vollständig verschlüsselt und arbeitsunfähig. Des Weiteren wurden erste Stimmen bei der Pechvogel GmbH laut, die eine mögliche Haftung durch die Virenschleuder AG ins Spiel brachten. Entsprechend dynamisch gestaltete sich die aktuelle Situation.

Für all jene geneigten Leser, welche an diesem Punkt davon ausgehen, dass es sich bei dem Verhalten der Virenschleuder AG ja nur um einen Einzelfall besonders ungeschickter Benutzer handeln kann, darf ich jetzt schon anmerken, dass dieses Vorgehen bei weitem keine Seltenheit ist.

3.2 Erste Aktionen

Um der Virenschleuder AG nun helfen zu können und den Schaden für alle Parteien so gering wie möglich zu halten, schlugen wir in Absprache mit dem Kunden vor, zunächst die Pechvogel GmbH zu betreuen, die für ihre prekäre Situation kaum verantwortlich gemacht werden konnte. Bis dahin war die Pechvogel GmbH bereits einen Tag arbeitsunfähig.

Die ersten Schritte bei der Bearbeitung verliefen dann parallel zueinander. Bei dem Start des Projektes legten wir zusammen mit den beteiligten Personen zunächst die Ziele fest. Da es sich bei dem Vorfall auf den ersten Blick um ein reines Schadsoftwareproblem zu handeln schien, wurde die Wichtigkeit einer gerichtsverwertbaren Sicherung/Analyse der Sekundärziele durch den Kunden als eher unwichtig betrachtet.

Gerichtsverwertbare Sicherung

Die Definition einer gerichtsverwertbaren Sicherung ist allerdings ohnehin nicht klar geregelt. Gängige Praxis bei Forensikexperten ist es, eine Sicherung der Daten möglichst unter Verwendung eines physischen Schreibschutzes durchzuführen, eines sogenannten „Writeblockers" (siehe Foto). Diese „Writeblocker" stellen durch elektronische Eingriffe sicher, dass das untersuchte Medium (Asservat) nicht durch den Untersuchenden verändert werden kann, solange der „Writeblocker" verwendet wird.

Am besten setzt der Experte bei diesem Schritt auf Hersteller, die in der Branche anerkannt sind, und auf solche Geräte, die hinterher von möglichen Vergleichsgutachtern ebenfalls verwendet werden würden.

Weitere Details zum Thema Sicherung und Analyse können Sie den folgenden Fällen entnehmen.

Da die Sicherung im aktuellen Fall keine sehr große Bedeutung hatte, lag der Fokus auf dem möglichst schnellen

Wieder-in-Betrieb-Nehmen beider Unternehmen. Selbstverständlich sollte dabei die platzierte Schadsoftware entfernt werden. Um allerdings in der Zwischenzeit nicht noch weitere Unternehmen zu infizieren, wurde zunächst der Zugriff auf die Website der Virenschleuder AG aus dem Internet heraus blockiert. Das Abschalten erschien zu dem Zeitpunkt nicht notwendig zu sein, da die Schadsoftware den Server selbst ohnehin schon vollständig befallen hatte und keine weiteren Maschinen über das Internet hätten zugreifen können.

Lösegeld zahlen oder nicht

Ein großer Diskussionspunkt bei solchen Angriffen ist, ob das geforderte „Lösegeld" bezahlt werden soll oder nicht. Hier gehen die Meinungen auseinander. Die einen sagen: „Zahlen ist günstiger als reparieren", die anderen: „Wer zahlt, macht das Geschäft erst interessant, und wer weiß schon, ob die Daten danach wirklich freigegeben werden". Dazu gibt es u. a. Stellungnahmen von Regierungsseiten: https://www.fbi.gov/news/stories/incidents-of-ransomware-on-the-rise/incidents-of-ransomware-on-the-rise [1]. Hier wird ebenfalls vom Bezahlen abgeraten.

Wir selbst raten den Kunden in der Regel ebenfalls von der Zahlung ab. Das machen wir deshalb, da eine „Freigabe" einerseits nie gewährleistet ist und andererseits eine weiter bestehende Infektion nicht ausgeschlossen werden kann. Wer sichert denn zu, dass falls der Angreifer noch mehr Geld braucht, er nicht den bestehenden Kanal wieder nutzt? Es ist ja vorstellbar, dass der Angreifer lediglich den offensichtlichen Befall bereinigt, eine Art Schläfersoftware aber auf der Maschine verbleibt.

Unserer Empfehlung folgend, entschieden sich auch die Pechvogel GmbH und die Virenschleuder AG dazu, den

Sicherheitsvorfall mit unserer Unterstützung zu behandeln und eben kein Lösegeld zu zahlen.

Ab diesem Punkt begann ein innerhalb unseres Unternehmens standardisiertes Vorgehen. Zunächst wurde der Zugriff auf die zentralen Freigaben der Pechvogel GmbH beendet. Dies sollte dazu dienen, nicht direkt neuen Angriffen ausgesetzt zu sein. Danach wurden auf den zentralen Firewall-Komponenten, welche das Unternehmen vor digitalen Angriffen schützen sollen, weitere Funktionen aktiviert. Denn eine klassische Firewall würde bei einem solchen Angriff nur prüfen, ob ein Computer der Virenschleuder AG prinzipiell mit den Servern der Pechvogel GmbH sprechen darf. Innerhalb der beiden Unternehmen fand jedoch lediglich eine rudimentäre Sicherung über eine Firewall statt. Regelungen, welche konkreten Maschinen mit jeweils anderen Maschinen kommunizieren dürfen, waren fast nicht existent. Daraus leitete sich eine erhöhte Angreifbarkeit ab, denn ohne das Regeln der internen Kommunikation boten sowohl die Pechvogel GmbH als auch die Virenschleuder AG eine unnötig große Angriffsfläche. Je mehr Komponenten miteinander kommunizieren durften, desto größer war das Potenzial einer Verbreitung eines Angriffs. Dieses Potenzial sollte mit der Aktivierung zusätzlicher Regeln vermindert werden.

Probleme beim Netzwerkverkehr

Zwar treffen wir immer wieder auf Kunden, die glauben, ihre Netzwerke verfügen über eine ausreichende Firewall und eine sogenannte Segmentierung (und in der Regel haben

(Fortsetzung)

die Kunden diese ursprünglich auch einmal gekauft und bezahlt), doch tatsächliche Trennungen finden sich eher selten.

Bei der Netzwerksegmentierung geht es darum, Netzwerke in einzelne Gruppen zu trennen. Netze funktionieren grundsätzlich auf mehreren Schichten. Die für Netzsegmentierung relevanten Schichten sind die Schichten 2 und 3. Klassische Computernetze, wie beispielsweise das heimisches Netzwerk, sind hauptsächlich auf Schicht 2 aufgebaut. Dort befinden sich also mehrere Maschinen/Computer/Smartphones, welche eben auf dieser Schicht 2 eine Kommunikation miteinander herstellen. Greift eines dieser Geräte dann auf eine Webseite oder Vergleichbares zu, schaltet das Gateway zwischen Schicht 2 und 3 um. Schicht 3 wird dann benötigt, um außerhalb seines direkten Wirkungsbereiches (Broadcast-Domäne) auf Dienste zugreifen zu können. Der Betrieb von Schicht-2-Netzen erscheint zunächst als deutlich angenehmer als Schicht-3-Übergange. Dies liegt daran, dass bei jedem Schicht-3-Übergang ein „Vermittler" eingesetzt und trainiert werden muss. Allerdings weisen Schicht-2-designte Netze einige Probleme auf.

Eines davon ist beispielsweise die Sicherheit innerhalb der gesamten Broadcast-Domäne. Die Kommunikation auf dieser Ebene basiert maßgeblich auf dem sogenannten Address Resolution Protocol (ARP). Dieses Protokoll ermöglicht erst die „dynamische" Kommunikation innerhalb dieser Broadcast-Domänen. Wollen zwei Parteien kommunizieren, ist der Ablauf wie folgt:

Alice möchte mit Bob reden, braucht dazu aber die Ziel-IP und auch die physikalische Adresse (MAC) von Bob.

Um nun ein Paket von Alice an Bob zu schicken, nutzt Alice das ARP und „ruft" in der eigenen Domäne nach Bobs „Ziel-IP". Wenn Bob diese Anfrage erkennt, antwortet Bob mit einem Paket, in welches er die Informationen packt, die Alice zur Kommunikation braucht (MAC und IP). Damit Alice diesen Prozess nicht permanent wiederholen muss, merkt sie

(Fortsetzung)

sich die Assoziation zwischen IP- und MAC-Adresse in ihrem ARP-Cache.

Problematisch ist hierbei Folgendes: Schickt der Angreifer Malfoy „ungefragt" ein Paket an Alice und schreibt als Absendernamen „Bob", aber als Adresse seine eigene MAC, überschreibt Alice den Eintrag für Bob in ihrem ARP-Cache. Beim nächsten Paket an Bob wird Alice zwar den Namen Bob darauf schreiben, darunter allerdings automatisch die Adresse von Malfoy.

Doch dies ist nur eines von diversen Schicht-2-Problemen. Ein weiteres ist die Leistungsfähigkeit. Computer sind innerhalb der Schicht 2 u. a. aufgrund von ARP sehr kommunikativ. Sie schicken diverse Anfragen an alle Teilenehmer, und falsch konfigurierte Netzwerkkomponenten (für die Techies unter den Lesern: ohne Internet Group Management Protocol (IGMP) werden Multicasts zu Broadcasts) tun ihr Übriges. Dabei erreicht die „Grundlautstärke" der Unterhaltungen bei einem etwas größeren Netzwerk ohne weiteres ein Level, das eine „ordentliche" Kommunikation massiv behindert. Wenn 80–100 Pakete jede Sekunde alle Teilnehmer einer Broadcast-Domäne erreichen, dann fällt es den Maschinen immer schwerer, die tatsächlich für sie bestimmten Daten zeitnah zu bearbeiten. Ein Nebeneffekt dieser Architektur ist übrigens auch, dass sobald irgendeine Partei beispielsweise aus einem Defekt heraus unzählige Pakete in das Netzwerk schickt, die gesamte Domäne kurzzeitig, aber kaum „messbar", zusammenbricht. Netzwerkkommunikation ist dann innerhalb der Broadcast-Domäne nicht mehr zu gewährleisten.

Typisch ist hier beispielsweise ein Druckserver, welcher in mehreren Minuten Abstand tausende Anfragen an seine Drucker schickt und dann das Netzwerk „sporadisch" für wenige Augenblicke blockiert. Häufig sehen aber genau so Netze von Unternehmen aus, eine tickende „Zeitbombe". Als Lösung für diese sporadisch auftretenden Probleme wird oft zu leistungsfähigeren Netzwerkkomponenten gegriffen. Doch

(Fortsetzung)

spielt die Leistungsfähigkeit der eigentlichen Netzwerkkomponenten bei Schicht-2-Problemen eine sekundäre Rolle. Sie können ohne weiteres alle Clients einer Domäne mit Broadcast-Paketen überlasten, ohne dass die Netzwerkkomponenten über ernsthafte Auslastung verfügen.

Im weiteren Verlauf ergab sich, dass beide Unternehmen kaum über Überwachung und/oder Trennung der jeweiligen internen Kommunikation verfügten. Zudem wurde die externe Kommunikation nur auf die beteiligten „Gesprächspartner" hin überwacht und kaum auf den übertragenen Inhalt.

In dem hier beschriebenen Fall hätte es allerdings zukünftig nicht ausgereicht, nur zu prüfen, ob ein System grundsätzlich mit einem anderen sprechen darf. Stellen Sie sich hier kurz die zentralen Netzwerklaufwerke vor. Die Aufgabe dieser Laufwerke war es ja, aus dem Netzwerk heraus angesprochen zu werden. Hätten wir diese Kommunikation blockiert, hätten die Unternehmen gleichzeitig ihre Funktion verloren. Um für die Pechvogel GmbH eine höhere Sicherheit herstellen zu können, aktivierten diese auf unsere Empfehlung nun die Erkennung von bekannten Angriffsmustern auf ihrer zentralen Firewall-Komponente. Damit war es möglich, die erlaubte Kommunikation anhand der Gesprächspartner auch auf die Inhalte hin zu überwachen und somit noch besser auf Angriffe zu reagieren.

Nachdem die kommunikative Komponente vorerst durch die oben angeführten Maßnahmen gehärtet wurde, startete der eigentliche Prozess rund um Clients und Server. Die Aufgabe bestand darin, die Infektion detektierbar zu machen. Dazu mussten wir herausfinden, wie wir ein infiziertes System bestimmen können. Die Präsenz von durch die Schadsoftware verschlüsselten Dateien war allein noch keine Infektion. Denn es gab auch Maschinen, deren Daten per Netzwerk von anderen Computern verschlüsselt wurden.

3.3 Analysephase

Zur Analyse untersuchten wir die Schadsoftware mit einem Werkzeugkasten von „Threat Intelligence"-Datenbanken. Hierbei griffen wir auf diverse Datenbanken mit Signaturen von Schadcode, Verhaltensauffälligkeiten und weiteren Informationen zurück. Dieser Schritt zeigte uns, dass sowohl die Schadsoftware selbst als auch ihr Vorgehen bereits bekannt war. Wäre dies nicht der Fall gewesen, hätte die Schadsoftware auf diese Indikatoren hin manuell von uns analysiert werden müssen.

Nun waren wir sowohl ausgestattet mit IP-Adressen von Maschinen, welche zur Kommunikation der Schadsoftware genutzt wurden, als auch mit Schadsoftware-Signaturen zur Identifikation einer Infektion. Ein wichtiger Schritt beim Eindämmen der Schadsoftware war es, die nun bekannten Kommunikationspunkte auf den zentralen Firewall-Komponenten zu sperren. Hier konnten wir eine Liste von IP-Adressen erstellen, zu denen die Schadsoftware Kontakt aufnehmen wollte. Diese Liste setzten wir ein, um der Schadsoftware die Kommunikationsmöglichkeiten zu nehmen. Außerdem zeigte sich, dass die Schadsoftware sehr auffällige und wiederkehrende Einträge in der Registry der Maschinen vorgenommen hatte. Bei der Registry handelt es sich um eine zentrale Konfigurationsdatenbank Windows-basierter Betriebssysteme. Sie ist unerlässlich für den Betrieb.

Des Weiteren identifizierten wir eine Anti-Schadsoftware, welche vermeintlich in der Lage war, die Infektion zu erkennen. Nach diversen Tests bestätigte sich diese Fähigkeit und wir begannen mit CDs und USB-Sticks die Maschinen des Unternehmens sukzessive auf Infektionen hin zu prüfen. Jede infizierte Maschine wurde markiert und handschriftlich notiert. Nach Ende dieses sehr zeitaufwendigen Schrittes verfügten wir somit über eine Liste der verseuchten Maschinen. Parallel prüften wir anhand der Muster der verschlüsselten Dateien, welche Datenbereiche des Unternehmens verschlüsselt worden waren, und markierten und notierten diese ebenfalls.

3.4 Auswerten der Maßnahmen und Einleiten weiterer Schritte

Anhand der nun vorliegenden Informationen wurden die Grundsatzentscheidungen rund um den Umgang mit diesen Systemen getroffen. Es galt zu entscheiden, ob ein System neu installiert werden musste oder aus den Backups heraus wiederhergestellt werden sollte. Da es bei den Untersuchungen keine Anzeichen dafür gab, dass die „Hardware" im weitesten Sinne befallen war, mussten wir nicht von einem Austausch von Hardwarekomponenten ausgehen.

Wiederherstellen aus Backups

Die Schwierigkeit bei diesen Entscheidungen lag darin, dass unklar war, in welchen Backups die Maschine bereits infiziert, die Schadsoftware aber noch nicht ausgebrochen war. Problematisch hierbei ist, dass in der Regel nur die auftretenden Symptome erkannt werden und nicht zwangsläufig alle Ursachen. So kann die Schadsoftware nach einem beliebigen Zeitraum einen Prozess starten, welchen wir als schadhaft erkennen, den eigentlichen Ausgangspunkt der Infektion können wir aber ggf. gar nicht auf diese Weise identifizieren. Entsprechend versuchen wir meist, so viele infizierte Maschinen wie möglich vollständig neu installieren zu lassen.

In diesem Fall war es so, dass nur die Benutzersysteme infiziert und die Netzlaufwerke lediglich verschlüsselt waren. Diese Erkenntnis beruhte auf den bis dato veröffentlichten Analysen der Schadsoftware. So konnten beide Unternehmen die Netzlaufwerke aus einem Backup vor dem vermeintlichen Angriff wiederherstellen und installierten die Benutzercomputer vollständig neu.

Ab diesem Punkt gingen wir von einem weitestgehend „sauberen“ Netzwerk aus. Vor allem nahmen wir an, dass wir die Symptome der Schadsoftware erkennen konnten. Diese Annahme fußte unter anderem darauf, dass auf den zentralen Laufwerken eine Überwachung der Zugriffe etabliert wurde. Diese Überwachung diente dem Erkennen von massenhaften Zugriffen auf Dateien, eben genau dem Verhalten, welches die Schadsoftware gezeigt hatte. Zusätzlich etablierten wir weitere Erkennungsmethoden auf Netzwerkebene. Somit konnten wir mit dem Wiederanlauf der Systeme starten. Ein System nach dem anderen ging wieder „live“.

Da zu diesem Zeitpunkt bereits seit einigen Stunden die Mitarbeiter nicht mehr zugegen waren, mussten wir einen erneuten Ausbruch aufgrund eines Fehlverhaltens der Benutzer nicht direkt erwarten. Nach dem erfolgreichen Start und ohne erneute Infektion begannen wir dann mit der Härtung aller Maschinen und der Überwachung von Mail- und Webverkehr.

Diesen gesamten Prozess wiederholten wir dann ebenfalls für die Virenschleuder AG. Ab diesem Zeitpunkt konnten auch noch weitere Wiederherstellungsarbeiten durch die lokalen Administratoren übernommen werden.

AV-Konzeptarbeit

Zur Vermeidung der auf Schadsoftware basierenden Angriffe ist ein professioneller Umgang mit Anti-Schadsoftware unumgänglich. Dabei gibt es mehrere Ansätze, dies möglichst erfolgreich umzusetzen. Es stellen sich hierbei zwei Kernfragen:

1. An welchen Stellen der Infrastruktur soll auf Schadsoftware geprüft werden?
2. Wie wird an welchen Stellen auf Schadsoftware geprüft?

Bei der Frage der Positionierung einer Anti-Schadsoftware stellen wir uns den Empfang einer E-Mail vor. Es gibt einen E-Mail-Server, welcher innerhalb Ihres Unternehmens platziert ist. Eine E-Mail von extern wird also erst einmal durch Ihr Gateway respektive die Firewall an den E-Mail-Server weitergeleitet. Der E-Mail-Server nimmt die E-Mail entgegen und je nach Verfahren wird diese dann über ein weiteres Gateway bzw. eine Firewall dem eigentlichen Benutzer zugestellt. Jeder einzelne der aufgezeigten Knotenpunkte könnte den übertragenen Inhalt bereits auf ein schadhaftes Verhalten

(Fortsetzung)

prüfen. Das ergibt folgende Positionierungen für Tests auf Schadsoftware:

- Firewall-Komponente
- E-Mail-Server
- Client

Für jeden einzelnen dieser Orte gibt es gute Gründe, um dort eine Anti-Schadsoftware zu installieren. Installieren Sie eine solche Software auf Ihren Firewall-Komponenten, kann dort nicht nur der E-Mail-Verkehr auf Schadsoftware geprüft werden, sondern jeder andere über die Firewall transferierte Netzwerkverkehr. Etablieren Sie eine Anti-Schadsoftware auf der Firewall, erreichen Sie eine große Abdeckung der Kommunikation. Bei der Installation von Anti-Schadsoftware auf dem E-Mail-Server erhalten Sie die Möglichkeit, die gesamte E-Mail-Kommunikation Ihres Unternehmens zu prüfen. Sobald Sie mehr als eine Ebene der Anti-Schadsoftware etablieren, ist dies allerdings nur dann sinnvoll, wenn diese Anti-Schadsoftware auch von unterschiedlichen Herstellern stammt bzw. andere Prüfeinstellungen hat. Denn wird eine Schadsoftware von Programm A auf der Firewall nicht erkannt, können Sie so oft Sie wollen prüfen, Programm A wird die Schadsoftware auf dem Mailserver aber auch nicht finden. Prüfen Sie bei dem Empfang einer E-Mail die übertragenen Daten zunächst auf der Firewall mit Programm A und danach auf dem E-Mail-Server mit Anti-Schadsoftware B, ermöglicht dies eine insgesamt höhere Erkennungsrate. Als nächste sinnvolle Komponente bietet es sich an, auf dem Client selbst auch auf Schadsoftware zu prüfen. Damit könnten Sie im Beispiel der E-Mail eine dritte Schutzebene „einziehen" und damit die Erkennungsrate weiter erhöhen. Der Vorteil von solchen mehrstufigen Konzepten liegt also darin, dass aufgrund unterschiedlich eingesetzter Technologien eine höhere Erkennung ermöglicht wird. Wenn eine Schadsoftware einen anderen „Weg" nimmt als erwartet, besteht dann immer noch die Chance, dass die

(Fortsetzung)

Schadsoftware von einer der anderen Ebenen erkannt wird. Klickt beispielsweise ein Benutzer auf eine verseuchte Datei, welche per USB-Stick transferiert wurde, kann die lokale Anti-Schadsoftware bereits prüfen und hat die Chance, die Schadsoftware zu erkennen. Ist die Software dazu nicht in der Lage und die Schadsoftware bricht aus und beginnt andere Teilnehmer in dem Netzwerk anzugreifen, könnte bei intelligentem Netzwerkdesign die Firewall den Netzwerkverkehr wiederum auf Schadsoftware prüfen und so die Wahrscheinlichkeit des Erkennens deutlich erhöhen.

3.5 Nach dem Incident ist vor der Haftung

Es kostete einigen Aufwand, beide Unternehmen wieder in einen arbeitsfähigen Zustand zu versetzen. Da diese Arbeiten zusammen mit dem Betriebsausfall bereits enorme Kosten verursacht hatten, galt ein erweitertes Interesse der Aufklärung der Ursache des Vorfalls im Hinblick auf die Haftung. Zu diesem Zweck und um die Website bald wieder in Betrieb nehmen zu können, lag der Fokus nun auf der Analyse der infizierten Website. Der Server, auf welchem die Website der Virenschleuder AG platziert war, wurde dabei nicht durch die Virenschleuder AG selbst betrieben, sondern durch einen externen Dienstleister.

Dieser Dienstleister stellte uns eine Kopie des kompletten virtuellen Servers zur Verfügung, ein Schritt, der in der digitalen Forensik nicht selten schwierig ist. Es ist Realität, dass immer mehr Dienste bei externen Unternehmen betrieben werden, doch aufgrund fehlender vertraglicher

Regelungen ist es oftmals schwierig, im Fall einer notwendigen digitalen Analyse an die dafür erforderlichen Informationen zu gelangen. Zusätzlich war es so, dass eine tatsächlich gerichtsverwertbare „Beweissicherung“ durch den Hoster und den nicht existenten direkten Zugriff zumindest diskussionsfähig war. Schlussendlich erhielten wir aber die für die Analyse notwendigen Informationen.

Forensisches Vorgehen

Für eine solche Art von forensischen Analysen existieren keine Vorschriften, Anleitungen oder Ähnliches, das Vorgehen bestimmt der Gutachter selbst. Hier kommt es darauf an, welchen Hintergrund der forensische Gutachter hat, da die Erfahrungen des Gutachters die weitere Analyse leiten. Handelt es sich um einen forensischen Ermittler, der versucht, sich in einen Angreifer hinein zu denken, oder um einen „Angreifer", der den Weg analysiert, den er selbst gegangen wäre. In unserem Falle handelt es sich um Letzteres, was aber auch dazu führt, dass für jede Analyse, für jeden Fall ganz eigene Wege eingeschlagen werden. Es folgen also Analysen eines Angriffes, wie wir ihn selbst durchgeführt hätten.

Führen wir uns noch mal kurz vor Augen, was bisher geschehen war: Jemand hatte zu einem gewissen, uns unbekannten Zeitpunkt die Website gekapert und diese dazu verwendet, Schadsoftware zu verteilen.

In der Regel wird bei einem solchen Vorfall zunächst die Logdatei des Webservers untersucht. In dieser Datei protokolliert der Dienst „alle“ Aktivitäten wie beispielsweise den Zugriff auf die Webseiten und die dafür verwendeten Parameter. In dieser Logdatei suchten auch wir nach Indizien dafür, wie der Angreifer in die Applikation eingebrochen sein könnte. Parallel prüfte ein anderes Teammitglied ein scheinbar „sauberes“ Backup der Maschine auf mögliche Schwachstellen. Bei der Suche nach Schwachstellen versetzte sich einer unserer Mitarbeiter in die aktive Rolle des Angreifers und suchte Wege, das vorliegende Szenario selbst zu erzeugen.

Diesen doppelten Ansatz nutzten wir, da beide Analysen die jeweils andere unterstützen. Fand ein Mitarbeiter ein auffälliges Verhalten in den Logdateien, konnte der andere parallel, selbstverständlich auf einer Kopie der Maschine, prüfen, ob dieser Angriff erfolgreich hätte sein können. Zeigte sich dabei direkt, dass die gefundenen Indikatoren keinen erfolgreichen Angriff hätte nach sich ziehen können, war die Spur kalt.

Beim Sichten der Logdateien zeigte sich die mögliche Tragweite der Infektion, es griffen dutzende Maschinen auf die verseuchten Inhalte zu. Hier konnten deren IP Adressen und der aufgerufene Inhalt identifiziert werden.

Neben den potenziellen Opfern konnte nach einigen Stunden identifiziert werden, wie der Angreifer in die Applikation eindringen konnte. Es zeigte sich, dass die Webseite, welche mit „Drupal“ realisiert worden war, stark veraltet war. Diese stark veraltete Version wies einige schwerwiegende Schwachstellen auf. Anhand der Logdateien konnten wir erkennen, dass mehrere dieser Schwachstellen angesprochen wurden und manche auch erfolgreich ausgenutzt werden konnten.

Schwachstellen, Exploits, Payloads und 0-Days

Bei den Begrifflichkeiten rund um Exploits und Schwachstellen wird oft mit verschiedensten Bedeutungen gearbeitet und spekuliert. Dabei werden die Bedeutungen, die aus den ursprünglichen Szenen kommen, allerdings nicht immer richtig interpretiert. Bei der Bedeutung von ***Schwachstelle*** sind sich die meisten noch einig. Dabei handelt es sich um eine Anfälligkeit eines Systems bzw. eines Stücks Software im Hinblick auf Manipulationen. Stellen wir uns vor, es gibt die folgende Website: „gibtswahrscheinlichnicht.de". Bei dieser Website können Sie Inhalte anschauen, indem Sie sich per Klick auf einen Button im Hintergrund folgenden Link zusammenbauen lassen: gibtswahrscheinlichnicht.de/index.php?seite=impressum. Gehen wir weiter davon aus, dass diese Funktion nicht auf ihre eigentliche Aufgabe hin eingeschränkt ist und wir als Angreifer sagen könnten: gibtswahrscheinlichnicht.de/index.php?seite=SCHADCODE. Technisch gesprochen könnte hier mit einem PHP-Stream gearbeitet werden: gibtswahrscheinlichnicht.de/index.php?seite=data://text/plain;base64,BASE64ENCODEDPHPCODE, wenn wir eine File Inclusion voraussetzen.

Dies würde es einem Angreifer erlauben, einen Schadcode auf dem Webserver auszuführen.

Ein ***Exploit*** ist ein Stück Software, welches diese Schwachstelle „salonfähig" macht. Damit können Sie bequem die Schwachstelle ausnutzen: exploit.exe-ziel=gibtswahrscheinlichnicht.de/index.php?seite-inhalt=SCHADCODE.php. Manchmal macht es ein Exploit aufgrund der Komplexität einer Schwachstelle überhaupt erst möglich, die Schwachstellen auszunutzen.

Mit ***Payloads*** meinen Angreifer Inhalte, welche mittels Exploits auf den Zielsystemen platziert werden, in diesem Fall SCHADCODE.php.

Die allergrößten Missverständnisse tauchen allerdings bei der Benennung von Exploits auf. Hier wird in den Medien und leider auch in „Fachkreisen" von ***0-Days*** als DER Bedrohung

(Fortsetzung)

gesprochen. Im Folgenden wird kurz verdeutlicht, was der Szenebegriff bedeutet: Ein 0-Day ist eine Veröffentlichung innerhalb der letzten 24 Stunden. Dies bedeutet erst mal, es kann zwangsläufig nur einen Tag lang ein 0-Day sein. Außerdem wird ein Exploit mit der Veröffentlichung bzw. dem Release zum 0-Day. An diesem Punkt weiß jedoch keiner, wie lange das Exploit als Pre-Release bereits im Einsatz war. Tage, Monate, Jahre ... – alles schon vorgekommen.

Bei einem der ersten medial stark präsenten Würmer namens „Conficker" und dessen Vorgänger im Jahr 2008 wurde auf DCOM- und LSASS-Exploits zurückgegriffen, welche geschätzt ein knappes Jahr als Pre-Release zum Einsatz kamen und dann erst zum 0-Day wurden. Zur „Veröffentlichung" der Exploits gab es in anderen Szenen bereits komplett andere Verwendungen dieser Werkzeuge und damit waren die Exploits zum Zeitpunkt 0-Day bereits umfangreich, wenn auch Szene-intern, in Verwendung. Als weiteren Zeitversatz ist anzumerken, dass ein Exploit A oder Exploit B „nur" eine Interpretation einer Schwachstelle ist, davon kann es auch mehrere geben, und vor allem ist dies in manchen Fällen „nur" der Schritt, der eine Schwachstelle salonfähig macht. Entsprechend gibt es hier auch einen zeitlichen Versatz. Der 0-Day-Exploit ist also „nur" der Tag, an dem die Masse davon erfährt und darauf Zugriff hat. Je nach angestrebtem „Sicherheitslevel" erfolgt der Schutz vor 0-Days also mindestens einen Tag zu spät.

Im „normalen" weiteren Vorgehen wäre zu prüfen gewesen, welche Auswirkungen das Exploit hat und ob es „reversibel" ist oder das System vollständig neu aufgesetzt werden muss. Doch im Verlauf der Analyse der Logdateien zeigte sich ein weiterer Zugriff auf das System, welcher auffällige Logeinträge erzeugte. Atypisch war, dass kaum Informationen zu den Zugriffen in den Protokollen auftauchten. Handelte es sich beispielsweise um eine ganz einfache „Fernsteuerung" eines Programms, könnte ein Aufruf wie folgt aussehen: „virenschleuder-ag.de/virus.php?befehl=loesche-alle-daten". Bei den von uns gefundenen Zugriffen fehlte allerdings der komplette Teil „befehl= ...". Um einen normalen Aufruf der Webseite schien es sich auch nicht zu handeln, da auch dazu zu wenige Informationen übertragen wurden. Das Logging unterscheidet sich hierbei stark in den eingesetzten HTTP-Methoden. Wird beispielsweise ein „HTTP-Get" ausgeführt, ähneln die Einträge dem weiter oben beschriebenen Stil: „..virus.php?befehl=loesche-alle-daten", bei einem „HTTP-Post" liegen bereits keine weiteren Informationen über die Werte der einzelnen Formularfelder vor. Dabei würde lediglich protokolliert, dass es sich um einen Zugriff per „HTTP-Post" handelte und das Script „virus.php" aufgerufen wurde.

Die uns vorliegenden Logs zeigten aber weder das eine noch das andere typische „Bild".

Dies reichte aus, um den kompletten Fokus der Analyse vom eigentlichen Angriff auf jenes Detail zu lenken. Wir suchten nun nach der „Gegenstelle" dieser Aufrufe auf dem Server. Installiert ein Einbrecher eine Fernsteuerung, hinterlässt er zwingend eine „Gegenstelle", die seine Verbindungen entgegennimmt und verwaltet. Genau einen solchen Zugriff zur Fernsteuerung vermuteten wir an diesem Punkt.

Diese Gegenstellen lassen sich selbst nur sehr schwer finden, doch entdeckten wir das Programm tatsächlich, nachdem unzählige weitere Logdateien analysiert wurden. Nach der Identifikation des Programms starteten wir sofort mit der Analyse. Die erste Auffälligkeit hierbei war, dass der Programmcode selbst verschleiert worden war.

Zum Schutz vor automatischen und manuellen Analysen versuchte der Eindringling, sein Programm zu verschleiern. Der Quellcode wurde durch diverse verschachtelte Mechanismen verfremdet. Der Trick dabei lag darin, dass nur der Angreifer die Art und Anzahl der Verschachtelungen kannte und somit nur er in der Lage war, die tatsächliche Funktionalität freizulegen.

Üblicherweise gibt der Angreifer diese Werte beim Steuern seiner Software mit, dies wiederum würde in einem Logeintrag resultieren, der wie folgt aussehen könnte: „virenschleuder-ag.de/virus.php?befehl=loesche-alle-daten&-verschachtelung=23". Wie allerdings weiter oben beschrieben wurde, existierten keinerlei solche Steuerungen. Es wurde hier weder auf ein klassisches Vorgehen per HTTP-Get noch HTTP-Post gesetzt.

Der Angreifer hatte einen Weg gefunden, die Applikation zu steuern, ohne dafür auf klassische Methoden zurückzugreifen, welche solche Protokolle anlegen würden. Entsprechend schwierig gestaltete sich nun die Situation, wir mussten uns ohne Wissen um die Funktion selbst eine solche „Fernbedienung" bauen, um verstehen zu können, welche Möglichkeiten und Methoden hinter dem Angriff steckten. Dazu teilten wir auch hier wieder die Aufgaben auf, ein Teil des Teams entwickelt den von uns vermuteten Weg, die noch nicht „entschlüsselte" Schadsoftware möglichst ohne Protokoll steuern zu können, ein anderer analysierte den Quellcode weiter. Bis zu diesem Punkt war das Vorgehen des Angreifers beim Erzeugen der uns vorliegenden Logdateien und dem Programm zur Fernsteuerung reine Spekulation. Klar war lediglich, dass alle gängigen Verfahren, ob HTTP-Post- oder HTTP-Get-basiert, nicht zutrafen. Deshalb war es wichtig, herauszufinden, ob unsere Vermutung über die verwendete Angriffsmethodik technisch überhaupt möglich war.

Die Analyse des Quellcodes dieser Schadsoftware gestaltete sich dabei nicht ganz einfach, da es sich eben um eine mehrfach verschachtelte Verfremdung handelte. Um diese aushebeln zu können, bedurfte es mehrerer Schritte. Zunächst mussten wir in der Lage sein, wenigstens eine Verschachtelungsschicht zu öffnen. Wären wir dazu in der Lage, so die Vermutung, könnten wir auch beliebig viele Schichten öffnen. Hierfür entwickelten wir eine Software, die auf verschiedene Arten versuchte, diese Verschachtelung aufzuheben. Dies gelang uns nach mehreren Stunden Entwicklung.

Danach ging es an die Rekursion. Das Programm musste das Ergebnis wieder als neuen Eingabewert verwenden und wieder „entpacken" und das dann entpackte Ergebnis abermals entpacken. Die Schwierigkeit lag hier in einem Abbruchsignal, also in der Frage, wann wir den tatsächlichen Quellcode vor uns hatten. Mehr oder weniger auf „gut Glück" definierten wir diese Abbruchsequenz und starteten das rekursive Entpacken. Nach einer Weile meldete unsere Software „entpackt" und den entsprechenden Wert der Verschachtelung. Mit dieser Zahl konnten wir dann die Verfremdung aufheben und sahen nun den Quellcode des Programms vor uns. Der Programmcode in seinem Aufbau und in der Art und Weise, wie die Zugriffe verfremdet wurden, signalisierte sofort, dass es sich hier bei weitem nicht mehr um Angriffe aus den normalen Bereichen digitaler Einbrüche handeln konnte. Dies führten wir auf die augenscheinlich großen Aufwände und auf das spezielle

Wissen zurück, welches benötigt wurde, um das uns vorliegende Programm zu entwickeln.

In der weiteren Verifikation entwickelten wir die passende „Fernbedienung“ und steuerten die Applikation in einer Testumgebung. Dabei konnten wir feststellen, dass unsere Steuerung der Schadsoftware die gleichen Protokolle hinterließ wie jene, welche uns auf die Spur dazu gebracht hatten. Unser Fazit war, dass sich jemand mit sehr viel Einsatz und Wissen eine Möglichkeit zur Kontrolle dieser Maschine geschaffen hatte. Die Verbreitung von Schadsoftware, die der eigentliche Grund unseres Projektes war, wurde nach Rücksprache mit der Virenschleuder AG als weniger kritisch eingestuft als diese neu erlangten Erkenntnisse.

Sie geriet deshalb in den Hintergrund, weil die Professionalität und damit auch der mögliche Schaden der gefundenen Zugriffe um ein Vielfaches höher waren als das eigentlich zu untersuchende „Defacement“.

Nun galt es, herauszufinden, seit wann, wer und wie viele Parteien diese sehr spezielle Möglichkeit der Kontrolle genutzt hatten. Aufgrund der massiven Verschleierungsmethoden waren alle Schlussfolgerungen um diese Fragen sehr spekulativ. Dennoch gelang es uns, anhand von Sicherungskopien des kompletten Servers, Logdateien von Firewalls und Diensten eine Vielzahl von Adressen zu identifizieren, welche auf diese spezielle Steuerung zugegriffen hatten. Wie üblich waren diese IP-Adressen der Angreifer quer über den Erdball verteilt. An eine Strafverfolgung solcher Krimineller ist deshalb nur selten zu denken. Dennoch starteten wir unsere Analysen auf diese IP-Adressen. Dabei untersuchten wir zunächst, ob die von uns identifizierten Adressen in unserer eigenen oder in einer für uns zugreifbaren Datenbank bereits mit Angriffen in Verbindung gebracht worden waren. Die für den eigentlichen Angriff (Defacement) verwendeten Adressen konnten wir bei diesem Arbeitsschritt mit diversen Einbrüchen in Verbindung bringen, die IP-Adressen des danach gefundenen Angriffes erschienen mit einer weißen Weste.

Klassifizierung von Angreifern

Bei einem solchen Umstand gehen die Meinungen von Experten etwas auseinander. Meine persönliche Meinung ist, wenn ein solch spezieller Angriff stattfindet, ist es umso brisanter, je weniger zu den IP-Adressen zu finden ist. Nutzt ein normaler Angreifer solche Techniken, versucht er in der Regel, so viele Maschinen wie möglich mit seiner Methode zu infizieren. Früher oder später fällt jemandem irgendwo auf der Welt dieser Angriff auf. Sei es in Foren für Administratoren, in Signaturen für angreifende Systeme oder in irgendeiner anderen Plattform. Daher meine These: „Je weniger sich zu angreifenden IP-Adressen finden lässt, desto zielgerichteter bzw. neuer, weil unbekannter, ist der Angriff."

In diesem Fall fanden wir nichts über die verwendeten IP-Adressen. Lediglich die Analyse der Personen, welche wir mit den Adressen in Verbindung bringen konnten, ergab ein recht klares Bild. Dieser neuerliche Angriff veränderte die Tragweite insofern, als die komplette Integrität des Systems nicht mehr gewährleistet war. Denn wenn bereits Spuren eines so hochwertigen Angriffes vorlagen, konnte nicht mehr garantiert werden, „alle" Hinterlassenschaften dieses Angriffes zu identifizieren. Entsprechend empfahlen wir dringend eine komplette neue Installation sowohl des

Servers als auch der Website. Da aufgrund dieser Manipulation aber nicht auf bestehende Programme und Komponenten zurückgegriffen werden konnte, zog diese Empfehlung auch eine komplette Neuentwicklung der Website nach sich. Dies war unter anderem deshalb der Fall, da die verwendeten Dienste die Website in einer Datenbank vorhielten. Es handelte sich also nicht mehr um reine Skriptdateien mit Quelltext, sondern auch um Daten, welche aufgrund ihrer Organisation in einer Datenbank nicht ohne weiteres auf schadhaftes Verhalten hin untersucht werden konnten.

Neben den bereits entstandenen Kosten, Risiken und vorhandenen Ängsten hatte sich mit dieser Erkenntnis über den Angriff vor allem die Bedrohungslage des Unternehmens geändert. Ganz offensichtlich hatte sich „jemand" außerordentliche Mühe gemacht, die Kontrolle über die eingesetzte Maschine zu erlangen. Dieses Mal konnten wir diesen einen Weg des Zugriffes feststellen, doch blieben die Fragen: „Welche unerkannten Zugriffe gab es noch und welche Methoden nutzt der Angreifer ab jetzt?"

Kernfragen zur Bewertung des Sicherheitsvorfalls

Was glaubt der Ansprechpartner, was passiert ist, und ist seine Geschichte schlüssig?

- Der Ansprechpartner beschrieb den Vorfall von Anfang an sehr gut, seine Geschichte wirkte von Beginn an schlüssig. Auffallend war lediglich, dass der Ansprechpartner erstaunlich unbeeindruckt von der Entwicklung und der Eskalation des Sicherheitsvorfalls war.

(Fortsetzung)

Was für Ziele verfolgt unser Ansprechpartner nach unserer Ansicht und differiert dies zu den genannten?

- Der Ansprechpartner nannte die Analyse des Vorfalls als Ziel und verfolgte dieses Ziel auch zusammen mit uns.

Wer könnte Interesse an dem gehabt haben, was passiert war?

- Bezugnehmend auf die Verschlüsselung könnte ein Einzeltäter oder eine Gruppierung monetäres Interesse an dem Angriff gehabt haben. Hinsichtlich eines möglichen Angriffes auf Informationen käme ein Konkurrent mit dem Hintergrund der Wirtschaftsspionage in Betracht oder ein anderer Angreifer mit dem Ziel, Informationen über die Kunden und Projekte der Virenschleuder AG zu erhalten.

Wer hatte die Möglichkeiten, das zu tun, was passiert war?

- Die Verschlüsselung hätte von ambitionierten Hackern durchgeführt werden können. Der hochwertige Angriff stammt wahrscheinlich von einem sehr professionellen Hacker.

Wer hatte den größten Nutzen von dem, was passiert war?

- Ausgehend von der Annahme eines Angriffes mit dem Ziel, an Informationen zu gelangen, die professionellen Angreifer. Die Angreifer, welche das Defacement durchgeführt hatten, erzielten wenn überhaupt einen geringen Nutzen.

Wie lautet die Abschlussthese?

- Es wurden mehrere Angriffe auf die Virenschleuder AG erkannt. Es scheint, als wäre das Defacement nur zufällig auf einem bereits kompromittierten System durchgeführt

(Fortsetzung)

worden, wodurch auch nur zufällig der sehr viel hochwertigere Angriff enttarnt worden ist. Bei dem zweiten Angriff handelte es sich um Techniken einer sehr professionellen Riege von Angreifern. Der Ansprechpartner reagierte überraschend gefasst auf den hochwertigen Angriff, sodass davon ausgegangen werden kann, dass der Angriff nicht völlig unerwartet für ihn gewesen war.

Quellen

1. https://www.fbi.gov/news/stories/incidents-of-ransomware-on-the-rise/incidents-of-ransomware-on-the-rise. Zugegriffen am 22.12.2016

4 Wenn digitale Forensik an Grenzen stößt

4.1 Die Kontaktaufnahme

Bei dem folgenden Fall handelt es sich um einen internationalen Konzern. Im weiteren Verlauf trägt das Unternehmen den Namen „BadMonday AG". Die BadMonday AG arbeitet, wie für Konzerne üblich, umfangreich mit Zulieferern zusammen. Entsprechend hoch ist die Frequenz von Rechnungen und Zahlungen.

Als die BadMonday AG eine Mahnung bezüglich einer Zahlung erhielt, welche laut der eigenen Buchhaltung aber bereits getätigt worden war, begannen prompt interne Recherchen zu dem Fall. Die eigenen Ermittlungen des Unternehmens zeigten schnell auf, dass das Geld, basierend auf einem E-Mail-Austausch mit dem Zulieferer, auf ein scheinbar neues Konto dieses Zulieferers überwiesen worden

A. Dörsam, *Den Tätern auf der Spur*,
https://doi.org/10.1007/978-3-658-16466-9_4

war. Die BadMonday AG meldete also dem Zulieferer, dass es sich wohl um einen Irrtum handeln müsse, denn die Rechnung sei bereits bezahlt. Die Rückmeldung darauf zeigte allerdings, dass es sich bei dem verwendeten Konto gar nicht um eines des Zulieferers handelte. Der Zulieferer hatte das Geld nie erhalten.

Als uns das Unternehmen aus dem angelsächsischen Raum kontaktierte, war zu diesem Zeitpunkt also bereits klar, dass das Geld auf ein falsches Konto überwiesen worden war. Der Fall wurde uns so beschrieben, dass im Namen eines dem Unternehmen bekannten Zulieferers eine Rechnung das Unternehmen erreicht hatte. Diese Nachricht beinhaltete den Hinweis, dass sich die Kontodaten des Zulieferers geändert hätten. Die Buchhaltung der BadMonday AG hatte daraufhin, ohne weitere Verifikation, die Änderung der Kontodaten akzeptiert. Umgehend wurden in den zentralen Systemen alle entsprechenden Vermerke geändert. Anschließend überwies unser Kunde einen hohen sechsstelligen Betrag auf das nun scheinbar aktuelle Konto seines Zulieferers.

Wir wurden in Folge von der BadMonday AG damit beauftragt, die Betreuung dieses Notfalls zu übernehmen, mit dem Ziel, festzustellen, was passiert war, und wenn möglich auch den Täter zu identifizieren. Nach den ersten Krisengesprächen mit den Verantwortlichen für Informations- und Konzernsicherheit entwickelten wir ein Vorgehen mit dem Fokus, zunächst den Schaden zu minimieren und dabei parallel so viele Indizien wie möglich zu sichern.

4.2 Erste Aktionen

Unsere erste Aktivität bestand darin, die Transaktion des Geldes auf seinem Weg ggf. noch zu verzögern. Dies ist in der Regel Glückssache, aber es lohnte sich dennoch, es zu versuchen. Aufgrund verschiedener Begebenheiten – unter anderem hatte sich der Kunde sofort bei uns gemeldet – war die Aussicht auf Erfolg bei diesem Vorhaben nicht ganz gering.

Im nächsten Schritt ging es um die Analyse des Hergangs. Bei solchen Fällen liegt der Fokus des Kunden meist auf den offensichtlichen Fakten, nämlich der letzten gefälschten E-Mail und dem transferierten Geld. Dies hieß auch, dass die erste Anstrengung genau in diese Richtung zielte. Es wurden Quellcode und Verläufe von E-Mails analysiert, Kontobewegungen nachvollzogen und vieles mehr.

4.3 Analysephase

Schaut man jedoch mit den Augen eines Einbrechers auf den Hergang, tun sich Fragen auf, die wir zunächst herleiten werden. Stellen wir uns den abgelaufenen Vorgang einmal vor: Eine Rechnung zu einem gültigen Prozess wird so zugestellt, dass die empfangende Buchhaltung diese für das Original hält. Der reguläre Weg der Rechnung wäre nun, dass die Buchhaltung des rechnungsstellenden Unternehmens diese formuliert und dann per E-Mail und/oder Post zustellt. Die empfangende Buchhaltung, in dem Fall die

BadMonday AG, nimmt diese dann entgegen. Die beteiligten Parteien sind also:

- Absender
- Zusteller (E-Mail-Provider)
- Empfänger (Bad Monday AG)

Da eine gefälschte Rechnung zu einem echten Prozess vorlag, musste der Angreifer einerseits Kenntnis von dem Prozess haben und andererseits in der Lage gewesen sein, die Rechnung des Originalabsenders zu stoppen und zu ersetzen. Denn die originale Rechnung wurde vermutlich ja ebenfalls verschickt. Bei zwei Rechnungen zu dem gleichen Vorgang mit unterschiedlichen Kontoinformationen wäre die BadMonday AG wahrscheinlich stutzig geworden. Die Kontrolle darüber, ob die originale Rechnung zugestellt wurde oder nicht, war für den Angriff also notwendig. Dies bedeutete, dass der Angreifer irgendeine der beteiligten Parteien im weitesten Sinne beeinflusst haben musste. Uns stellte sich also die Frage: „Welche Teile der Informationskette kontrollierte der Angreifer?"

Aus Sicht der BadMonday AG war die Fehlüberweisung zwar ein großer Schaden, doch wäre anhand der oben beschriebenen Schlussfolgerung der Angreifer auch noch innerhalb der eigenen Infrastruktur zu finden gewesen, hätte dies die Bedrohung ungleich größer gemacht, da faktisch der Zugriff des Angreifers so weitreichend war, dass E-Mails bzw. die Buchhaltung abgehört und manipuliert werden konnten.

Des Weiteren war die emotionale Hemmschwelle, eine kriminelle Handlung zu begehen, bereits durch das Fälschen der Rechnung überschritten worden. Damit war neben der infrastrukturellen Kontrolle auch noch von einem kriminellen Interesse auszugehen. Diese Ausgangslage kann bei IT-gestützten Unternehmen, also bei fast allen Unternehmen, ein wesentlich größeres Problem generieren, als eine reine „Fehlüberweisung" es zumeist könnte.

Es galt also zunächst, zu klären, an welcher Stelle am wahrscheinlichsten diese Informationen abgeflossen waren, und im Speziellen, ob die Informationen bei der BadMonday AG abhandengekommen waren. Außerdem galten alle beteiligten Parteien als verdächtig, solange wir nicht das Gegenteil belegen konnten. Es war zu diesem Zeitpunkt nicht prinzipiell auszuschließen, dass die absendende und/oder empfangende Buchhaltung an dem Betrug beteiligt waren. Entsprechend sollten die Ermittlungen auch ausgelegt werden. Diese Erkenntnis war am schwierigsten zu vermitteln, da sich Kollegen und Geschäftspartner in der Regel vertrauen und die Möglichkeit eines Betruges durch die andere Partei schwer akzeptieren können.

Wir entschieden uns in Folge für ein mehrgleisiges Vorgehen. Ein Teil des Teams sicherte forensisch so viele Informationen wie möglich. Dies umfasste primär sowohl das Sichern der Computerfestplatten der Buchhaltung als auch der Server. Ganz wichtig hierbei war der Zugriff auf die Logdateien des Mailservers. Leider ist der Zugriff auf die Mail-Logs aufgrund des Auslagerns von Mailservern immer häufiger nicht gewährleistet. In diesem Falle lagen jedoch alle notwendigen Informationen vor. Neben der Post-mortem-Analyse, also dem Aufarbeiten des „Tathergangs", versuchten wir parallel einen Weg zu finden, selbst an die

Kontrolle der wahrscheinlich für den Angriff verwendeten Infrastruktur zu gelangen. Dies diente der Identifikation von Schwachstellen und zur Eingrenzung des vom Angreifer verwendeten Pfades. Dieser Schritt half, auch hier die Untersuchungen im Sinne der Forensik auf die „richtige" Bahn zu lenken, und war somit unerlässlich.

Wir untersuchten zuerst die externe Sicherheit aller direkt oder indirekt betroffenen Maschinen. Bei diesem Schritt war es wichtig, nicht nur die Hauptsysteme wie beispielsweise den Mailserver bzw. das Gateway und die Firewall zu untersuchen, sondern alle Maschinen, deren Kontrolle ggf. ebenfalls ein Sprungbrett in die interne Infrastruktur darstellen konnte. Hilfreich ist dabei natürlich, wenn der Kunde tatsächlich weiß, welche Systeme überhaupt existieren respektive welcher Einfluss auf die Integrität der zu schützenden Infrastruktur vorherrscht. Leider ist das bei weitem keine Selbstverständlichkeit.

Die angesprochenen Schritte mussten alle innerhalb des ersten Einsatztages erfolgen. Dabei war wichtig, die vorliegenden Informationen über angeblich existierende Maschinen nicht als vollständig anzusehen, um nicht auf Basis unvollständiger Angaben entscheidende Systeme nicht in Betracht zu ziehen. Unabhängig von den vom Kunden gelieferten Informationen wurde daher gleichzeitig eine Art Inventarisierung durchgeführt. Als nach unserer Einschätzung genug Informationen über die Zielsysteme vorlagen, begannen unsere Untersuchungen im Hinblick auf die Schwachstellen. Dabei wurde viel Wert darauf gelegt, mit an den Angreifer angepassten Methoden zu arbeiten. Das bedeutete, dass wenn ein Unternehmen gezielt angegriffen wurde, es unverzichtbar war, manuelle Untersuchungen durchzuführen, um auch komplexere Schwachstellen zu identifizieren. Je hochwertiger ein Angriff, umso hochwertiger sollte auch die Analyse sein. Dabei sollte aber nicht aus dem Auge verloren werden, dass die Analyse dabei so effizient wie möglich durchzuführen war. Entsprechend hängt die „richtige" Wahl des Umfanges der Analyse von der Erfahrung und Fertigkeit des betreuenden Unternehmens ab.

Um die Identifikation der Schwachstellen zu flankieren, wurden gleichzeitig die gesicherten Informationen analysiert. Hierbei ging es zunächst um ganz klassische Auswertungen. Wir bestimmten, woher die E-Mails des Angreifers gekommen waren, also alle beteiligten Server und Adressen. Dazu verwendeten wir die Metadaten der E-Mails. Denn neben den in E-Mail-Programmen angezeigten Inhalten wie Text oder Bilder ist es möglich, über den sogenannten Quelltext weitere Informationen zu erhalten. Dabei handelt es sich beispielsweise um eine Art Sendungsverfolgung. Diese Sendungsverfolgung zeigte uns an, welche Server die erhaltene E-Mail verarbeitet hatten.

Mit den daraus extrahierten Informationen prüften wir, ob die eingesetzten Server in der Vergangenheit bereits auffällig geworden waren. Handelte es sich um einen größer angelegten Angriff, ließe sich über die eingesetzten Server zumindest feststellen, dass unser Kunde nicht das einzige Opfer war. Dies konnten wir in diesem Fall allerdings trotz der Auswertung sehr umfangreicher Bedrohungsdatenbanken nicht feststellen. Ein Problem bei der Analyse war allerdings, dass den Informationen der „Sendungsverfolgung" nur bedingt vertraut werden konnte. Ein angreifender „Postbote" hätte das Protokoll verändern und beispielsweise scheinbar vertrauenswürdige

Server zusätzlich hinzufügen können. Die uns vorliegende Historie zeigte deutlich, dass die bisher analysierten E-Mails des Angreifers nicht direkt aus der Infrastruktur eines der beteiligten Unternehmen stammten.

Diese Information hatte auf das Vorgehen allerdings kaum einen Einfluss. Das wäre nur gegeben gewesen, wenn die E-Mails laut ihrer Protokolle aus der IT-Infrastruktur des Zulieferers an die BadMonday AG geschickt worden wären. In diesem Fall hätten wir davon ausgehen können, dass der Angreifer mit einer hohen Wahrscheinlichkeit zumindest die Infrastruktur des Zulieferers nutzte. Mit der Erkenntnis, dass die E-Mails laut ihrer Protokolle jedoch nicht aus der Infrastruktur des Zulieferers stammten, konnte aufgrund ihrer möglichen dahin gehenden Manipulation eine Beteiligung der Infrastruktur des Zulieferers weder belegt noch abgestritten werden. Dies bedeutete, dass diese Information zunächst keinen Mehrwert lieferte.

Als Nächstes verglichen wir sowohl die vom Originaladressaten als auch vom Angreifer eingesetzten Mailclients. Wir konnten extrahieren, dass die originalen E-Mails mit einem normalen Office-Programm gesendet worden waren. Ein Umstand, der in einem Bürobetrieb recht üblich und daher kaum auffällig ist.

Bei der Analyse des Mailclients der offensichtlich gefälschten E-Mails zeigte sich hingegen, dass der Angreifer über ein sogenanntes Web-Interface die E-Mails versendet hatte. Dies ist allerdings eher untypisch für einen normalen Bürobetrieb. An diesem Punkt war also davon auszugehen, dass die E-Mails auf verschiedenen Wegen zur BadMonday AG gelangt waren. Dies war ebenfalls noch keine große Erkenntnis, denn damit konnte der Angreifer immer noch

„irgendwo“ sitzen. Wenn jedoch alle E-Mails den gleichen Weg gegangen wären, hätten wir die Herkunft der Angriffe besser eingrenzen können.

Als weitere Methode der Analyse blieb dann noch die Betrachtung des Rechnungsdokumentes selbst. Wir analysierten zunächst, wie und von welcher Software es erzeugt worden war. PDF-Dokumente bieten für eine Analyse den Vorteil, dass viele Metadaten darin abgelegt werden. Diese Metadaten wurden ebenfalls gegenübergestellt und ausgewertet. Dabei wurden vermeintlicher Autor, Software und einiges mehr verglichen. Um weitere Erkenntnisse zu sammeln, stellten wir die Dokumente direkt gegenüber, um zu ermitteln, ob das Dokument ggf. aus der originalen oder einer vergleichbaren Struktur heraus gebaut worden war. Leider brachte auch diese Analyse keine weiteren Erkenntnisse, da das gefälschte Dokument über deutlich andere Metadaten verfügte als das Original. Hier hätten Gemeinsamkeiten die Herkunft des Täters einschränken können.

Schlussendlich verglichen wir die Dokumente visuell und stellten dabei verschiedene Dinge fest. Grundsätzlich war die einzige Differenz der Dokumente die angegebene Kontonummer. Dies ist insofern erstaunlich, als selbst beim Kopieren eines Dokumentes oder bei dessen Abfotografieren kleinste Verschiebungen oder Veränderungen stattfinden. Das war hier nicht der Fall. Es fiel aber auf, dass das gefälschte Dokument einen minimal unscharfen Text aufwies. Diese Unschärfe des Textes führten wir auf eine sogenannte Wavelet-Kompression zurück. Diese Kompression wird primär für JPEG-kodierte Bilder und Videos eingesetzt und erzeugt eine ganz typische Unschärfe von Kanten. In Abb. 4.1 sehen Sie eine Gegenüberstellung von

Abb. 4.1 Gegenüberstellung von PDF- und Wavelet-komprimiertem Dokument

einem Wavelet-komprimierten Dokument unten im Bild und einem normalen PDF oben im Bild:

Die Vermutung drängte sich also auf, dass es sich bei dem vorliegenden PDF-Dokument zwar um eine sehr gute, aber keine identische Kopie des Originals handelte. Weiter drängte sich der Verdacht auf, dass der Angreifer selbst kein Profi sein konnte, da es sonst den „Fehler" mit der Wavelet-Kompression nicht gegeben hätte.

Neben diesen Punkten war der Werdegang der Mail ebenfalls auffällig. Der Angreifer brachte seine E-Mails nahtlos in die tatsächliche Kommunikation ein. Das ist deshalb interessant, weil die Buchhaltung der BadMonday AG unter anderem auf die gefälschten E-Mails an die Originaladresse geantwortet hatte, ohne dass die Buchhaltung des Zulieferers auf die aus deren Sicht bezugslosen Anmerkungen eingegangen wäre. An dieser Situation lässt sich sehr gut erkennen, wie die digitale Ermittlung nahtlos in „klassische" Schlussfolgerungen übergeht. Eine neue Frage, die sich aus diesem Umstand ergab, war also: „Warum hatte der Zulieferer nicht auf die offensichtlich falschen E-Mails reagiert?" Technisch gesehen reichte diese Erkenntnis aber auch nicht aus, um den Angriffsvektor einzugrenzen. Kontrollierte der Angreifer die BadMonday AG, konnte er die E-Mail beim Versand stoppen. Wäre der Zugriff des Angreifers zwischen beiden Parteien erfolgt, wäre das gleiche Szenario möglich gewesen, und kontrollierte der Angreifer das Postfach des rechnungsstellenden Unternehmens, hätte er die eingegangene Post auch löschen können.

Ein üblicheres Vorgehen eines Angreifers wäre hier gewesen, die Kommunikation auf ein von ihm kontrolliertes E-Mail-Konto umzuleiten. Dafür verwenden Angreifer ähnlich klingende Adressen und legen dort die E-Mail-Konten an. So hätte der Angreifer auch keinen administrativen Zugriff auf die echten Konten benötigt. Außerdem hätte sich das Risiko, enttarnt zu werden, reduziert. Dies liegt daran, dass bei dem Ansatz, das Originalkonto zu kontrollieren, die originale Kommunikation hätte beeinflusst werden müssen. Der Angreifer hätte die ungewollten E-Mails löschen, neue E-Mails verfassen oder umleiten müssen.

An diesem Punkt erhärtete sich der Verdacht, dass eines der Postfächer der beteiligten Unternehmen zumindest in Verbindung mit dem Angreifer stand. Diesen Schluss ließ die Reaktionszeit des Angreifers zu. Wir konnten anhand der Zeitstempel ermitteln, dass zwischen dem Versand einer E-Mail von der originalen BadMonday AG zur Original-E-Mail-Adresse des Zulieferers bis zur Reaktion des offensichtlichen Angreifers teilweise nur wenige Minuten vergingen. Zwar konnten wir an dem Punkt den Zusammenhang mehrerer Konten technisch nicht belegen, aber andere Möglichkeiten erschienen uns für einen solchen zeitnahen Zugriff eher unwahrscheinlich.

4.4 Auswerten der Maßnahmen und Einleiten nächster Schritte

Da der Zugriff des Angreifers offensichtlich umfangreich, direkt und zeitnah stattfand, galt es herauszufinden, ob die Maschinen ferngesteuert wurden. An diesem Punkt gingen wir davon aus, dass die beteiligten Personen nichts mit dem Angriff zu tun hatten. Dies bedeutete zwar nicht, dass wir die für eine mögliche Ermittlung gegen die Mitarbeiter notwendigen Informationen nicht gesammelt hätten, sondern nur, dass wir den Fokus der Analyse zunächst auf einen technischen Angriff legten.

4.4.1 Analyse möglicher Fremdzugriffe

Zur Bestimmung einer möglichen Fernsteuerung durch einen Angreifer wurde im ersten Schritt die Sicherung des PCs der Buchhaltung analysiert. Bei dieser Prüfung ging es nun zunächst um den Befall durch Schadsoftware. Dazu untersuchten wir eine Arbeitskopie des Datenträgers mit mehreren gängigen Produkten. Keines der Produkte lieferte uns Indizien dafür, dass eine bekannte Schadsoftware auf dem System aktiv war. Da es sich bei dem Angriff in Anbetracht der Begebenheiten auch um eine maßgefertigte Schadsoftware hätte handeln können, starteten wir daraufhin eine manuelle Untersuchung des Verhaltens. Dazu analysierten wir zunächst alle laufenden Prozesse des Systems. Hierbei bestimmten wir die Funktion und das „Risikolevel" jedes einzelnen laufenden Prozesses des Betriebssystems. Dabei konnten wir eine geringe Anzahl von Prozessen identifizieren, deren Funktion wir zunächst nicht eindeutig bestimmen konnten. Um eine mögliche Schadwirkung dieser Prozesse festzustellen, untersuchten wir deren Verhalten in einigen weiteren Demo-Umgebungen auf Netzwerkkommunikation, Dateizugriffe, Zugriffe auf die Windows-Registry und diverse weitere Indikatoren. Trotz aller Bemühungen gelang es uns nicht, einem der laufenden Prozesse eine schadhafte Wirkung nachzuweisen. Um eine Fernsteuerung weiter zu untersuchen, begannen wir nun mit der Bestimmung von Schwachstellen auf dem System. Dabei interessierten uns solche Schwachstellen, welche einen so weitreichenden Zugriff ermöglicht hätten wie eben das Fernsteuern des E-Mail-Client-Programms. Wir konnten dabei feststellen, dass das Betriebssystem selbst über kaum erwähnenswerte Schwachstellen verfügte. Wie üblich waren allerdings die Programme von Drittanbietern deutlich veraltet. Dies betraf beispielsweise Programme zum Darstellen und Bearbeiten von PDF-Dokumenten. Diese Erkenntnis eröffnete für uns die Möglichkeit, dass ein Angreifer ein manipuliertes PDF-Dokument genutzt haben könnte, um die Kontrolle über die Maschine zu erlangen. Dies könnte entweder über das Einspielen einer expliziten Schadsoftware passieren, über eine „direkte" Fernsteuerung anhand des PDF-Dokumentes oder aber über die Installation vermeintlich „harmloser" Fernwartungsprogramme. Somit hatten wir folgende Thesen, die es nun zu untersuchen galt:

- Schadsoftware hätte nachgeladen werden können
- Ein manipuliertes Dokument hätte zur Fernsteuerung genutzt werden können
- Ein administratives Fernwartungsprogramm hätte installiert werden können

Die These der nachgeladenen Schadsoftware wurde indirekt bereits bei der Untersuchung des Systems mit Anti-Schadsoftware-Programmen adressiert. Das bedeutete, dass wir anhand der Angreifbarkeit des PDF-Readers zwar einen „neuen" Weg gefunden hatten, wie der Angreifer seine Schadsoftware hätte platzieren können, die möglichen Auswirkungen davon hatten wir aber bereits analysiert. Somit wurde diese These nicht weiterverfolgt. Die Analyse rund um die These des manipulierten Dokumentes gestaltete sich hingegen schwieriger. Hätte ein solches Dokument vorgelegen, hätten wir dessen Schadwirkung nur dann erkennen können, wenn dieses auch geöffnet worden wäre. Da wir aber auf den uns vorliegenden Maschinen nicht „wahllos" Dokumente öffnen wollten, hätte dieses Szenario „unendlich" komplex werden können. Da der Angreifer sich bei diesem Vorgehen auf das tatsächliche Öffnen des Dokumentes hätte verlassen müssen und damit die sehr schnellen Reaktionszeiten des Angreifers sehr unwahrscheinlich geworden wären, gingen wir davon aus, dass diese These ebenfalls keinen weiteren Erfolg versprechen würde. Die letzte der neu aufgestellten Thesen war eine Fernwartung anhand eines typischen Fernwartungsprogramms. Der Hintergrundgedanke des Angreifers dazu hätte sein können, dass ein solch typisches Programm bei einer Analyse nicht auffällt. Da es allerdings zu unserem Standardvorgehen gehörte, solche administrativen Fernwartungsprogramme zu analysieren, war auch diese These bereits weitläufig untersucht und dadurch widerlegt worden. Denn wir hatten das vorliegende Programm zur Fernwartung untersucht, dessen Zugänge und Logdateien mit der IT der BadMonday AG besprochen und für unbedenklich befunden.

Bisher hatten wir also die Themen Schadsoftware und Angreifbarkeit mittels Schwachstellen abgehandelt. Es fehlte noch die Analyse des Netzwerkverkehrs der Maschine über einen längeren Zeitraum. Hierzu war es hilfreich, dass die eingehende Kommunikation aus dem Internet heraus in Richtung der Benutzermaschinen durch die IT-Infrastruktur blockiert wurde. Fand ein Zugriff durch den Angreifer statt, musste dieser also mit sehr hoher Wahrscheinlichkeit von der Maschine ausgehen, welche wir untersuchten. Stellen Sie sich dieses Vorgehen so vor, dass der Angreifer von außerhalb der BadMonday AG zwar nicht in deren Strukturen hineindarf, die angegriffene Maschine aber ggf. den Angreifer kontaktiert und „einlädt". Somit starteten wir eine weitere Kopie der Maschine in einer Quarantäne-Umgebung und protokollierten über Tage die dort angefallene Kommunikation. Zum Schutz vor weiteren Zugriffen erhielt die Maschine auf unsere Empfehlung hin keinen Zugriff auf das Internet und wurde stattdessen lediglich mit Antworten auf Namensauflösungen und gefälschten Netzwerkdiensten versorgt. Die Antworten auf Namensauflösung gaben wir der Maschine, damit Versuche für Verbindungsaufbauten stattfanden. Damit erhofften wir uns weitere Informationen. Bei diesem Schritt war es wichtig, abzugrenzen, wie lange und wie detailliert wir die Kommunikation auswerten sollten. Der Zeitraum musste so kurz wie möglich gewählt werden, um die Analysen nicht zu behindern und um die Kosten nicht unnötig steigen zu lassen. Gleichzeitig musste der Zeitraum ausreichend lang sein, um den Verbindungsaufbau überhaupt aufzeichnen zu können. Hätte beispielsweise die Kommunikation zum Angreifer erst nach 5 Tagen begonnen, hätten wir diese bei einem Aufzeichnungszeitraum von 4 Tagen nicht erfassen können. Um den sinnvollsten Zeitraum zu identifizieren, ermittelten wir, von welcher Uptime der Angreifer ausgehen musste. Bei der Uptime handelt es sich um den Zeitraum, den eine Maschine ohne Neustart angeschaltet ist. Wird eine Maschine jede Nacht ausgeschaltet, wäre Schadsoftware, welche nach 2 Tagen den Kontakt zum Angreifer sucht, wirkungslos. Daher ermittelten wir anhand der uns vorliegenden Microsoft Eventlogs die durchschnittliche Uptime und verlängerten die Zeit um einen gewissen Wert. Solange lief dann unsere Protokollierung. Während die Maschine in unserem Quarantäne-Netzwerk aktiv war, überwachten wir permanent den angefragten Netzwerkverkehr auf Auffälligkeiten hinsichtlich der Inhalte und Gesprächspartner. Wir mussten damit rechnen, dass ggf. als schadhaft bekannte Adressen kontaktiert würden oder der Angreifer versuchen würde, in erlaubte Kommunikation wie beispielsweise HTTP/DNS nicht vorgesehene Inhalte zu transportieren. Nach dem definierten Zeitraum analysierten wir dann manuell alle Kommunikationspartner der Maschine und suchten nach weiteren Auffälligkeiten. Hierbei konnten allerdings keine Erkenntnisse erlangt werden. Wir beendeten daraufhin vorerst die Analyse des PCs, da keine weiteren Spuren vorlagen.

Bis zu diesem Punkt des Projektes konnte also weder über externe Schwachstellen der BadMonday AG noch über den E-Mail-Header, das PDF-Dokument selbst oder die Maschine der Buchhaltung der abgelaufene Angriff technisch nachvollzogen werden. Als nächsten Schritt der Analyse untersuchten wir weitere Zugriffe auf das Postfach der Buchhaltung von ggf. anderen Maschinen. Hierzu sichteten wir alle Logdateien aller betroffenen Dienste. Dabei ging es zunächst darum, ob ein Abrufen der E-Mails der Buchhaltung zu einem Zeitpunkt stattgefunden hatte, welchen wir an der uns vorliegenden Maschine so nicht bestätigen konnten. Wir waren also auf der Suche nach einem Zugriff, der stattgefunden hatte, als die Maschine nicht in Benutzung oder ausgeschaltet war. Diese Analyse brachte uns jedoch auch keine weiteren Erkenntnisse, wir konnten auch keine Zugriffe identifizieren, die von einer Adresse außerhalb der Infrastruktur der BadMonday AG erfolgt waren. Genau genommen hatten alle Zugriffe auf die betreffende Buchhaltung von der von uns untersuchten Maschine stattgefunden.

Mittlerweile waren alle uns gebotenen Möglichkeiten ausgeschöpft. Technisch hätten wir sicherlich das gleiche Verfahren bei dem Zulieferer der BadMonday AG durchführen können. Das hätte uns das Ergebnis geliefert, ob technische Indizien für das von uns untersuchte Problem innerhalb der Infrastruktur des Zulieferers existieren. Es war an dem Punkt der Untersuchung aber bereits mehr als unwahrscheinlich, dass der zu erwartende Angreifer einen technischen Weg in die BadMonday AG gefunden hatte. Sicherlich hätte es Angriffe geben können, welche wir mit den bisher durchgeführten Untersuchungen nicht hätten finden können. Diese Angriffe wären aber deutlich professioneller gewesen, als es unsere Einschätzung des Angreifers zugelassen hätte. Denn einem deutlich professionelleren Angreifer wäre vermutlich der Fehler mit der Wavelet-Kompression nicht passiert. Technisch gesehen endete der Prozess also hier und die Möglichkeit der BadMonday AG wäre gewesen, den Zulieferer mit dieser Erkenntnis zu konfrontieren und auf eine Analyse seiner Maschinen zu drängen.

Wir wurden jedoch gebeten, weitere Indizien zu beschaffen. Da die klassischen forensischen Werkzeuge bereits nahezu ausgeschöpft waren, solange wir dem Angreifer keine höhere Professionalität unterstellten, griffen wir auf ein linguistisches Werkzeug zurück. Dank unserer Zusammenarbeit mit einem der führenden Spezialisten im Feld der Bestimmung der Autorschaft begannen wir mit lingualforensischen Untersuchungen. Mit der linguistischen Analyse wollten wir herausfinden, ob einer der uns bekannten Autoren die uns vorliegenden Dokumente verfasst hatte. Dies bedeutete konkret die Frage, ob einer der beteiligten Mitarbeiter den Text des Angreifers verfasst hatte.

Hierzu lag uns bereits umfangreiches Textmaterial vor. Wir verfügten auf der einen Seite über sehr viele E-Mails der Buchhaltung der BadMonday AG. Diese E-Mails konnten wir der betreffenden und an dem untersuchten Prozess beteiligten Person zuweisen. Damit verfügten wir also über Textmaterial, das eindeutig von der originalen Person des Unternehmens BadMonday AG stammte. Im nächsten Schritt extrahierten wir E-Mails, welche von der Person des Zulieferers verfasst worden waren, und legten ebenfalls ein Archiv an. Schließlich extrahierten wir alle E-Mails des Angreifers und legten auch diese in einem Archiv ab. Somit hatten wir nun drei verschiedene Archive und die Fragestellung, ob zwei Autoren aus dieser Menge dieselben waren. Da solche Analysen sehr pikant und schwierig sind, wurden zuerst die beiden eindeutig unterschiedlichen Autoren, nämlich Buchhaltung des Zulieferers und Buchhaltung der BadMonday AG, geprüft und diese erzielten, wie zu erwarten war, eine sehr unwahrscheinliche Übereinstimmung. Danach wurden die jeweiligen Personen mit dem Angreifer verglichen. Diese Untersuchung ergab eine Trefferquote, wovon ca. 30 % der verwendeten Methoden zu ca. 60 % Übereinstimmung der Autorschaft des Angreifer-Archivs mit dem Archiv der Buchhaltung des Zulieferers lieferten. Diese Werte waren noch nicht so hoch, als dass sie als belastbare Schlussfolgerungen seriös gewesen wären. Wir optimierten deshalb die Analyse weiter und entfernten aus den nunmehr zwei interessanten Archiven (Angreifer und Buchhaltung des Zulieferers) alle Floskeln und Füllsätze. Dies sollte die Qualität des von den Personen verfassten Textes weiter erhöhen. Außerdem führten wir eine Bestimmung der Autoren innerhalb des Angreifer-Archivs durch. Dabei konnten wir feststellen, dass die vom Angreifer verfassten E-Mails insgesamt betrachtet über zwei unterschiedliche Autoren verfügten. Wer diese Autoren waren, konnten wir nicht bestimmen, anhand der linguistischen Eigenschaften wurde aber klar, dass es sich definitiv um zwei Autoren handeln musste. In einer sehr mühevollen Kleinarbeit zerlegten wir das Archiv des Angreifers dann in zwei Archive. Eines für Angreifer1 und eines für Angreifer2. Mit diesen bereinigten Archiven wurde dann eine weitere Bestimmung der Autorschaft durchgeführt, die prozentual eine so hohe Trefferquote für einen der Angreifertexte lieferte, dass die Autorschaft der Buchhaltung des Zulieferers für einen Teil des Angreifer-Archivs für nunmehr möglich einzustufen war. Dieser Prozess nahm mehrere Tage in Anspruch.

Nach diesem Arbeitsschritt wussten wir also, dass der technische Zugriff, der für den Angriff nötig gewesen wäre, nur mit einer sehr geringen Wahrscheinlichkeit bei der BadMonday AG stattgefunden haben konnte. Wir gingen weiter davon aus, dass der Angreifer sicherlich ambitioniert, aber nicht professioneller Natur war. Ebenfalls konnten wir mit einer recht hohen Wahrscheinlichkeit eine Zuordnung des linguistischen Profils der Buchhaltung des Zulieferers zu Teilen der Angreifer-E-Mails herstellen. Zudem war die zeitliche Korrelation zwischen echten und gefälschten Mails so hoch, dass ein direkter Zugriff an einem der Kommunikationspunkte möglich gewesen sein muss. Schlussendlich fanden auch keine Reaktionen auf E-Mails statt, in welchen die BadMonday AG auf Angreifer-E-Mails reagiert und diese dann aber an die originale E-Mail-Adresse gesendet hatte. Dies hätte dem originalen Empfänger auffallen müssen.

Wir gingen also davon aus, dass die BadMonday AG nicht unter direktem Angriff stand, sondern „über Umwege" betrogen wurde.

Diese Erkenntnisse und deren technische Grundlagen reichte die BadMonday AG bei ihrem Zulieferer ein, welcher sowohl auf die Zahlung der gelieferten, aber auf das falsche Konto bezahlten Waren verzichtete als auch alle für die Analyse angefallenen Kosten übernahm.

Kernfragen zur Bewertung des Sicherheitsvorfalls

Was glaubt der Ansprechpartner, was passiert ist, und ist seine Geschichte schlüssig?

- Der Ansprechpartner ging von Anfang an von einer Täuschung aus und vermutete diese auch im Umfeld des eigentlichen Regelprozesses. Die dargestellten Informationen waren schlüssig. Im Verhalten und den Informationen des Ansprechpartners konnten keine Widersprüche erkannt werden.

(Fortsetzung)

Was für Ziele verfolgt unser Ansprechpartner nach unserer Ansicht und differiert dies zu den genannten?

- Die Ziele bestanden primär darin, einen möglichen Zugriff auf Informationen und Prozesse des Unternehmens zu detektieren, diese verfolgte unser Ansprechpartner durchgehend.

Wer könnte Interesse an dem gehabt haben, was passiert war?

- An dem Vorfall könnte ein monetäres Interesse bestanden haben, durch alle jene, die die Abläufe kannten.

Wer hatte die Möglichkeiten, das zu tun, was passiert war?

- Jeder, der über die nötigen technischen Grundkenntnisse verfügte und den angegriffenen Prozess kannte.

Wer hatte den größten Nutzen von dem, was passiert war?

- Derjenige, welcher sich Zugriff auf die gestohlenen Beträge verschafft hatte.

Wie lautet die Abschlussthese?

- Es wurde ein gezielter Betrug durchgeführt, mit dem Wissen um den genauen Ablauf des Prozesses. Dazu bedurfte es entweder weitreichender technischer Zugriffe oder eines anderweitigen Kontaktes zu dem angegriffenen Prozess. Da für einen technischen Zugriff durch einen Angreifer keine Indizien gefunden werden konnte, erhöhte das die Wahrscheinlichkeit eines Angriffes durch einen Innentäter. Dies konnte aber nicht ohne weitere Untersuchungen endgültig bestimmt werden.

5

Massenangriff oder gezielter Angriff, die Grenzen verschwimmen

5.1 Die Kontaktaufnahme

Der im Folgenden vorgestellte Fall ereignete sich am Anfang des Jahres 2016. Einer unserer Bestandskunden kontaktierte uns bezüglich eines aktuellen Sicherheitsvorfalls. Im weiteren Verlauf wird dieser Kunde als „Pechmarie GmbH" bezeichnet werden. Die Pechmarie GmbH ist ein produzierendes Unternehmen mit diversen internationalen Standorten und hunderten Mitarbeitern sowohl in der Verwaltung als auch in der Produktion.

Der verantwortliche IT-Leiter der Pechmarie GmbH informierte mich an einem Mittwochabend darüber, dass umfangreiche Teile seiner Infrastruktur durch einen Angreifer verschlüsselt worden waren. Zu diesem Zeitpunkt lag

A. Dörsam, *Den Tätern auf der Spur*,
https://doi.org/10.1007/978-3-658-16466-9_5

bereits ein Erpresserschreiben vor, welches mehrere Einheiten der digitalen Währung „Bitcoin“ als Lösegeld für die Infrastruktur verlangte. Der bis dahin akute Schaden belief sich bereits darauf, dass die gesamte Produktion und Verwaltung des Unternehmens zum Erliegen gebracht worden war und alle Mitarbeiter außerhalb der IT-Abteilung kurzfristig beurlaubt wurden. Zunächst vermutete ich an diesem Punkt des Projektes, dass es sich um einen der zu dieser Zeit häufigen CryptoLocker-Angriffe handelte. Dabei ist das Vorgehen der Schadsoftware typischerweise genau so, wie es uns der IT-Leiter der Pechmarie GmbH beschrieb. Auf irgendeine Weise schafft es eine Schadsoftware in das Unternehmen, verschlüsselt umfangreich Daten und legt an diversen Stellen ein Erpresserschreiben ab.

Da wir in der Regel für das Bearbeiten von CryptoLockern, wie schon in den vorhergehenden Fällen beschrieben, betriebswirtschaftlich betrachtet nicht die optimale Besetzung sind, begann ich damit, dem IT-Leiter entsprechendes Wissen zum Bearbeiten solcher Fälle zu vermitteln. Das Ziel dabei war, die Pechmarie GmbH in die Lage zu versetzen, sich selbst zu helfen. Dazu bedurfte es speziellen Wissens rund um Bereinigungs- und Wiederanlaufkonzepte nach einem solchen flächendeckenden Befall. Während dieser Gespräche zeichnete sich allerdings ab, dass der IT-Leiter des Unternehmens fest davon überzeugt war, dass es sich nicht um einen reinen Massenangriff gehandelt haben konnte. Am späten Mittwochabend vertagten wir weitere Schritte auf den Folgetag.

5.2 Erste Aktionen

Unser Ansprechpartner bat an dem folgenden Donnerstag dann um Vor-Ort-Unterstützung mit dem Wissen, dass es sich ggf. nicht um einen Fall handelte, welcher in unser primäres Aufgabenfeld passte. Um dem Vorfall nachzugehen, entschieden wir, eine rudimentäre Untersuchung des Hergangs durchzuführen. Ziel der Untersuchung war die Abschätzung einer Wahrscheinlichkeit für oder gegen die These des Massenangriffs. Im Falle eines Massenangriffs mit Schadsoftware hätten wir uns aus dem Vorfall wieder zurückziehen können, bei einem gezielten Angriff würden wir entsprechende Untersuchungen starten.

Zur Untersuchung konnte uns der IT-Leiter des Unternehmens bereits in kurzer Zeit die Logdateien seiner E-Mail- und Firewall-Systeme zur Verfügung stellen. Diese nutzten wir, um abschätzen zu können, wie der Angriff aufgebaut war. Bei der Analyse der Logdateien des E-Mailserver konnten wir erkennen, dass kurz vor Ausbruch der Schadsoftware eine große Menge sehr auffälliger E-Mails übertragen worden war. Außerdem war auffällig, dass mit den gängigsten und aktuellsten Anti-Schadsoftware-Programmen kein schadhaftes Verhalten der dort übertragenen Anhänge und Inhalte festgestellt werden konnte. Als primäres Werkzeug zur Einstufung, ob es sich um einen Massenangriff oder einen gezielten Angriff handelte, verwendeten wir statistische Informationen der E-Mails. Wir spekulierten dabei darauf, dass ein

Massenangriff im Verhältnis zu einem gezielten Angriff eine wesentlich schlechtere Erfolgsrate in Bezug auf gültige E-Mail-Adressen erreichen würde. So gingen wir davon aus, dass bei einem Massenangriff Kombinationen aus Vor- und Nachnamen quasi wahllos ausprobiert und bestenfalls noch öffentliche und einfach zu beschaffende E-Mail-Adressen der Pechmarie GmbH gegen das Unternehmen verwendet wurden. Um das bewerten zu können, führten wir zunächst selbst eine Analyse darüber durch, welche E-Mail-Adressen des Unternehmens im Internet mit geringen Aufwänden zu beschaffen waren. Danach extrahierten wir die Anzahl der vom Angreifer „eingeworfenen" E-Mails aus dem Mailserver und prüften, wie hoch die prozentuale Trefferquote des Angreifers war. Da wir solche Untersuchungen schon häufig durchgeführt hatten, verfügten wir über ausreichend Informationen darüber, welche prozentualen Werte welche Form des Angriffes vermuten ließen. Beim Berechnen der Trefferquote des Angreifers auf die Pechmarie GmbH konnten wir eine Nacht nach der ersten Kontaktaufnahme durch den IT-Leiter eine Trefferquote von über 70 % bestimmen. Das bedeutete, dass der Angreifer bei den meisten vermeintlich geratenen E-Mail-Adressen eine tatsächlich gültige Adresse des Unternehmens getroffen hatte. Da sofort klar war, dass eine so hohe Trefferquote nach unserem Kenntnisstand bis dato in Massenangriffen unerreicht war, gingen wir ab diesem Punkt tatsächlich von einem zielgerichteten Angriff gegen das Unternehmen aus.

Komplexität von E-Mail-Adressen

Um Ihnen einen Einblick in die Komplexität der Bestimmung gültiger E-Mail-Adressen zu geben, finden Sie in den folgenden Absätzen eine kurze Erklärung.

Möchte ein Angreifer möglichst erfolgreich gültige Adressen seines Opfers bestimmen, sollte er sich zunächst in die Lage versetzen, den Aufbau der E-Mail-Adressen zu kennen. Dies erfährt ein Angreifer eventuell bereits über das Sichten von E-Mail-Adressen auf der Website des Unternehmens. Dort werden meist Personen oder Kontakte samt deren E-Mail-Adressen benannt. Gehen wir an diesem Punkt davon aus, dass das Unternehmen die E-Mail-Adressen aus Vor- und Nachname zusammensetzt. Als Beispiel könnte das ergeben: alexander.doersam@UNTERNEHMEN.de.

Ist einem Angreifer dieser Aufbau bekannt, kann er im nächsten Schritt damit beginnen, Vor-und-Nachnamen-Kombinationen zu erraten:

alexander.schneider@UNTERNEHMEN.de
alexander.schmitt@UNTERNEHMEN.de
alexander.wolf@UNTERNEHMEN.de
...

Die Komplexität dieser Aufgabe ergibt sich aus der Kombination Vorname*Nachname.

Betrachten wir die Anzahl deutschsprachiger Namen, ergeben sich die folgenden Werte:

ca. 2683 Mädchenvornamen [1]
ca. 1758 Jungenvornamen [1]
Es existieren somit ca. 4441 deutschsprachige Vornamen, laut [1].

Nach diversen Auswertungen u.a. durch die Deutsche Telekom [2] existieren in Deutschland ca. 850.000 Nachnamen.

(Fortsetzung)

Daraus ergibt sich, dass ein Angreifer bei deutschsprachigen Vornamen mit insgesamt ca. 3.774.850.000 möglichen Kombinationen konfrontiert ist. Die Chance, dass dabei alexander.doersam bestimmt wird, ist entsprechend sehr klein. Daraus lässt sich ableiten, dass Trefferquoten in Bereichen von 70 % mit „purem" Raten nicht zu erreichen sind.

Auf Basis der gewonnenen Erkenntnis, dass es sich eher um einen zielgerichteten als einen Massenangriff handelte, wurden die Begebenheiten neu interpretiert. Der größte Unterschied lag darin, dass wir aufgrund dieser Erkenntnis einen höheren Grad an Professionalität unterstellen und unsere Analysen daran anpassen mussten.

Als Erstes begannen wir parallel zu den eigentlichen Arbeiten damit, das vom Angreifer verwendete Adressmaterial nachzubilden. Dies diente uns dazu, den Aufwand seitens des Angreifers besser einschätzen zu können. Bei diesem Arbeitsschritt zeigte sich, dass wir zwar viele Adressen innerhalb weniger Stunden rekonstruieren bzw. beschaffen konnten, aber immer noch weit von dem durch den Angreifer erreichten Wert entfernt waren. Mit dieser Erkenntnis wurde allerdings auch schnell klar, dass es sich bei dem geforderten Lösegeld um eine Summe handelte, welche in keinem Verhältnis zu dem investierten Aufwand des Angreifers bzw. zu dem erzeugten Schaden stehen konnte. Die geforderten Bitcoins beliefen sich insgesamt auf einige hundert Euro. Für dieses Geld wäre es noch nicht einmal lohnenswert gewesen, die E-Mail-Adressen zu beschaffen. Das Beschaffen des vom Angreifer verwendeten Adressmaterials muss einen deutlichen manuellen Aufwand und/oder sehr starke Angriffssoftware bedeutet haben. Im direkten Vergleich schätzten wir es als finanziell lohnenswerter ein, die gleiche Zeit für legale Arbeit aufzuwenden.

Für das weitere Vorgehen gingen wir daher davon aus, dass es sich weder um einen Massenangriff handelte noch um einen gezielten Angriff mit monetären Hintergründen. Wir schlossen einen Massenangriff aus, weil die Qualität der verwendeten Adressen derartig hoch war, dass diese kaum mehr automatisiert bestimmt werden konnten. Wir gingen des Weiteren nicht von einem Angriff mit monetärem Hintergrund aus, denn bei dem offensichtlich investierten Aufwand des Angreifers und den bei der Pechmarie GmbH erzeugten Schäden hätte die Forderung des Angreifers gut und gerne 100-mal größer sein können und müssen, um realistisch zu wirken. Es keimte zu diesem Zeitpunkt der Gedanke auf, dass es sich bei der Forderung ggf. um eine Art Ablenkung handeln könnte bzw. nicht um das primäre Ziel. Damit blieb nur noch eine Einschätzung des Angriffes als zielgerichteter Angriff zur Beschaffung von Informationen. Solche Angriffe sind in der Regel im Bereich der Spionage anzusiedeln oder bei Tests für weiter reichende Attacken.

5.3 Analysephase

Aufgrund dieser Erkenntnis wurde von uns in Rücksprache mit der Unternehmensführung der Pechmarie GmbH der Fokus auf die Schadsoftware und die Systeme gelenkt, welche die als geheim eingestuften Informationen des Unternehmens beherbergten. Wir untersuchten in den nächsten

Stunden alles rund um eben diese Systeme. Ziel dieser Aktivität war es, herauszufinden, ob ein Fremdzugriff auf diese Informationen stattgefunden hatte. Wir hatten glücklicherweise bei der Betrachtung den seltenen Vorteil, dass die Pechmarie GmbH über so umfangreiche Protokollierung verfügte, dass wir sehr effizient analysieren konnten, ob Zugriffe erfolgt waren.

Bewertung von Fremdzugriffen

Bei der Untersuchung auf Fremdzugriffe, gepaart mit der Vermutung, dass der Angreifer im Kontext von professioneller Spionage zu suchen ist, kann nie ausgeschlossen werden, dass der Angriff außerhalb der eigenen Wahrnehmung stattgefunden hat. Das bedeutet, es werden zunächst die offensichtlichen Zugriffspunkte analysiert und es werden Indizien dafür gesucht, ob ein solcher Zugriff stattgefunden hat. Die Problematik dabei ist allerdings, dass professionelle Angreifer ggf. über Methoden und Werkzeuge verfügen, die außerhalb oder sogar weit außerhalb des eigenen Horizontes liegen. So kann es sein, dass ein Zugriff zwar stattgefunden hat, darüber aber keine Protokolle vorhanden sind. Außerdem kann ein Angreifer bei einem erfolgreichen Zugriff auf die untersuchten Systeme eine Möglichkeit gefunden haben, seine Spuren umfassend zu verwischen. Lässt sich also auf den Primärsystemen keine Spur entdecken, wird die Suche immer weiter auf Peripheriegeräte ausgeweitet, in der Hoffnung, dort ein Indiz zu finden.

Stellen Sie sich beispielsweise vor, ein beliebig professioneller Angreifer verschafft sich auf bisher unbekannte Art und Weise Zugriff auf einen Server und findet einen Weg, ausnahmslos alle angelegten Protokolle bezüglich dieses Zugriffes nachhaltig zu löschen. Bei der Analyse eines solchen Vorfalles würde also erst einmal nichts gefunden werden. Dennoch könnten im nächsten Schritt beispielsweise

(Fortsetzung)

Firewall-Protokolle ausgewertet werden, welche aufzeigen könnten, dass zu dem vermuteten Zeitraum ein sehr hoher Netzwerkverkehr stattgefunden hat. Diese hohe Netzwerklast wiederum könnte ein Indiz für den Abfluss von Informationen sein. So ermitteln Sie das Indiz zwar nicht aus dem offensichtlichen Primärziel, können aber anhand umliegender Systeme herausfinden, ob oder vielleicht sogar was passiert ist. Vergleichbar ist dies mit einem Einbruch in eine Bank. Eventuell wissen Sie nicht, wie oder ob der Tresor ausgeraubt wurde, prüfen aber, ob ungewöhnlich viele Personen das Drehkreuz vor dem Tresor passiert haben. Falls Sie dort Auffälligkeiten entdecken, könnten Sie diese Informationen wieder für Ihr Primärziel verwenden. Finden Sie beispielsweise heraus, dass nachts um 03:00 Uhr 10 Personen durch das Drehkreuz zum Tresor gelaufen sind, stellt sich die Frage: „Was haben die dort gemacht?"

Dieses Netz der Untersuchung kann nahezu beliebig weitergesponnen werden. Gehen wir davon aus, ein Angreifer würde es auch schaffen, die Protokolle der Firewall auszutricksen, ggf. finden Sie jedoch Informationen darüber, ob die beteiligten Switche zu dieser Zeit ungewöhnlich hohe Netzwerklast erzeugt haben. Eventuell war hier aber die Netzwerklast nicht als hoch protokolliert, dafür aber die CPU-Auslastung, und so weiter. Die Idee dabei ist, das Netz so lange immer größer zu spinnen, bis eine Information gefunden wird, auf welche der Angreifer ggf. doch keinen Zugriff hatte. Und wenn dies – ganz abstrakt – nur die Temperaturanzeige des Serverraums ist, die ungewöhnlich hoch war, während Ihre Server aufgrund des Angriffes auf hoher Last gelaufen sind. Die Gefahr bei einem solchen Ansatz ist allerdings ganz klar darin zu sehen, dass Sie sich oder wir uns bei der Analyse verrennen oder Informationen „zu weit weg" von der primären Fragestellung sind und ggf. falsch interpretiert werden. Eventuell war es an dem Tag draußen auch einfach nur heißer als üblich oder es gab eine Wartung der Klimaanlage und deshalb war der Serverraum

(Fortsetzung)

wärmer als sonst, obwohl die Serverlast nie höher als normal war. Um bei dem Tresorbeispiel zu bleiben, vielleicht gab es an dem Tag der Untersuchung auch eine Nachtführung und deshalb ungewöhnlich viele Zugriffe durch das Drehkreuz. Den Fokus zu behalten, während Sie sich von den primären Fragestellungen entfernen, ist hierbei die große Kunst.

Nach der Analyse der Primärziele der Pechmarie GmbH konnten wir keine Zugriffe direkt auf die Maschinen nachweisen. Wir konnten auch anhand der Peripheriekomponenten keine Zugriffe auf die Primärziele aufzeigen. Dies sorgte einerseits für große Erleichterung, warf aber andererseits die Frage auf, welches Ziel dieser professionelle und augenscheinlich zielgerichtete Angriff tatsächlich verfolgt hatte. Zur weiteren Klärung dieser Frage begannen wir umgehend mit der Analyse der Schadsoftware, zu diesem Zeitpunkt war es mittlerweile Sonntagnacht. Die Analyse der Schadsoftware und deren Verteilung zeichneten schnell sehr klare Bilder. Wie bereits beschrieben, wurde die Schadsoftware per E-Mail verschickt und war dort als Anhang enthalten.

Ausgeklammerte Informationen

Nicht alle Informationen und Erkenntnisse dieser Analyse sind für die Öffentlichkeit bestimmt, daher werden detaillierte Informationen und Erkenntnisse zum Vorgehen der Schadsoftware und deren Analyse nur oberflächlich beschrieben bzw. gar nicht erst erwähnt.

Bei der Analyse der Schadsoftware ging es zunächst darum, dass Verhalten bestmöglich zu verstehen. Ziel war es, zu identifizieren, ob die Schadsoftware selbst – neben der eigentlichen Verschlüsselung – versuchte, Informationen auszuleiten. Um dies zu verhindern, hatten wir wie üblich bereits die Internetverbindungen des Unternehmens beendet und eine umfangreiche Protokollierung und Überwachung ausgerollt. Bei der Verhaltensanalyse konnte von uns zwar eine versuchte Kommunikation in das Internet durch die Schadsoftware erkannt, aber zu diesem Zeitpunkt noch keine umfangreichen Informationsabflüsse bestimmt werden. Wir stellten jedoch fest, dass die Professionalität der Softwarekomponenten und des Vorgehens in dieser Kombination für uns noch unbekannt war. Dies erhärtete den Verdacht eines zielgerichteten Angriffes immer weiter. Da wir trotz umfangreicher Untersuchungen nicht feststellen konnten, dass die Software tatsächlich Informationen ausleitete, mussten wir den bisher eingeschlagenen Analyseweg neu ausrichten. Trotz umfangreicher Untersuchungen der Primärziele, der Schadsoftware und des gesamten Netzwerkverkehrs konnten wir kein Indiz für den Abfluss an Informationen finden. Es war aber klar, dass der vom Angreifer eingesetzte Aufwand das Ziel von einer Hand voll Bitcoins massiv überschritt. Speziell die Analyse der Schadsoftware zeigte, dass ein großer Aufwand seitens des Angreifers betrieben worden war. Da weitere Analysen im Hinblick auf einen Informationsabfluss uns an diesem Punkt als nicht zielführend erschienen, begannen wir eine Analyse der Schadsoftware, um diese identifizierbar zu machen. Dabei zeigte sich, dass ein ähnlicher Fall in der Nacht zum Dienstag, also einige Tage nach dem Vorfall bei der Pechmarie GmbH, in einem englischsprachigen Internetforum durch einen der dort aktiven Nutzer beobachtet wurde. Der Benutzer sprach von einem ähnlichen Fall in seinem Unternehmen, der ebenfalls umfangreich untersucht worden war und in Teilen bereits vergleichbare Erkenntnisse geliefert hatte. Auch dort konnte sich die Gemeinschaft keinen Reim auf das offensichtliche Maß an Qualität in Relation zu der geforderten Lösegeldzahlung machen.

Mit den weiteren Erkenntnissen unserer Analyse der Schadsoftware konnten wir feststellen, ob ein System befallen worden war oder nicht. Dabei war allerdings sofort klar, dass falls ein Befall vorlag, eine Bereinigung des Systems vorerst ausgeschlossen war. Dies führten wir darauf zurück, dass das genaue Vorgehen der Schadsoftware und wie es sich umkehren ließ, für uns noch unbekannt war. Daraufhin entwickelten wir eine Software, die aus der Ferne einen Befall identifizieren konnte und uns schließlich eine Liste der infizierten Maschinen lieferte. Zusammen mit der Leitung der Pechmarie GmbH beschlossen wir, dass alle betroffenen Systeme neu aufgespielt respektive nach Rücksprache aus dem Backup wiederhergestellt werden sollten. Hier ist es wichtig, zu erwähnen, dass eine Analyse der Schadsoftware im Hinblick auf Manipulationen der Festplatte, welche eine Neuinstallation überstehen würden, bereits durchgeführt worden war. Wir gingen davon aus, dass die Schadsoftware eine Neuinstallation nicht überstehen würde.

Nachdem wir in der Lage waren, „alle" infizierten Maschinen zu identifizieren, übergaben wir die Aufgabe der Neuinstallationen und Wiederherstellung dem IT-Team der Pechmarie GmbH. Mein Team und ich fokussierten uns parallel darauf, die existierenden Überwachungsmechanismen insoweit auszuweiten und zu schärfen, dass wir die von der

Schadsoftware erzeugte Kommunikation erkennen und darauf reagieren konnten. Das war eine Vorbereitung darauf, die Infrastruktur des Unternehmens wieder Schritt für Schritt in Betrieb zu nehmen und gleichzeitig zu überwachen. Somit wollten wir einem möglichen Informationsabfluss durch die Schadsoftware vorbeugen und einen weiteren Ausbruch verhindern. An diesem Punkt gingen wir immer noch davon aus, dass es sich bei dem Angriff aus den bereits beschriebenen Gründen nicht um einen Massenangriff handelte. An der Auffassung, dass gezielt und ausschließlich dieses Unternehmen angegriffen wurde, lies sich aufgrund der Informationen aus dem englischsprachigen Forum aber auch nicht mehr eindeutig festhalten. Mit dieser Erkenntnis legten wir unsere Arbeit nach einigen Tag- und Nachtschichten erst einmal nieder.

Den Zustand, in dem wir die Pechmarie GmbH nach getaner Arbeit verließen, lässt sich diplomatisch ausgedrückt als wenig zufriedenstellend beschreiben. Wir konnten zwar mit sehr hoher Wahrscheinlichkeit davon ausgehen, dass keine geheimen Informationen das Unternehmen auf diesem Wege verlassen hatten, eine schlüssige Erklärung für das Ungleichgewicht aus dem Einsatz des Angreifers zu seiner Forderung konnten wir aber dennoch nicht liefern. Wir wussten lediglich, dass wir einen zukünftigen Abfluss aufgrund der in Betrieb genommenen Überwachung mit ebenfalls erhöhter Wahrscheinlichkeit feststellen würden und zumindest die vorliegende Schadsoftware identifizieren konnten.

Dieser Zustand hielt einige für uns sehr unbefriedigende Tage an. Dann brachte einer der größten und erfolgreichsten

Wellen an CryptoLockern Licht ins Dunkel. Anfang des Jahres 2016 wurde ein neues Level an Massenangriffen erreicht. Schadsoftware wie der Cryptotrojaner (Ransomware) Locky und dessen Derivate erreichten eine Abdeckung und Qualität, die vorher nicht für möglich gehalten wurde. Das Verhalten, welches wir bei der Pechmarie GmbH festgestellt hatten, brach in verschiedenen Ausprägungen in tausenden Unternehmen aus. Mit diesen Ausbrüchen und seinen Folgen zeichnete sich für uns ab, dass der Fall der Pechmarie GmbH eventuell als Vorläufer oder Testlauf dieser neuen Ära von Angriffen zu werten war. Wir konnten feststellen, dass im Einzelfall betrachtet und unter Berücksichtigung, dass es bis zu diesem Zeitpunkt keine Angriffe von so hoher Qualität in der Masse gegeben hatte, die getroffenen Schlussfolgerungen absolut richtig waren. Sinn ergaben unsere Erkenntnisse allerdings erst, als mit diesem hohen Aufwand der Angreifer nicht nur ein Unternehmen erpresste, sondern tausende und so die monetäre Einzelforderung in der Masse zu einer absolut lohnenswerten Summe anwuchs. Unabhängig davon, ob es sich im Nachhinein als Massenangriff herausgestellt hatte, welcher scheinbar bei unserem Kunden in Teilen geprobt wurde, war der Schaden für die Pechmarie GmbH aufgrund des Arbeitsausfalls groß gewesen.

Und so verschwimmen die Grenzen zwischen Massenangriff und gezieltem Angriff so sehr, dass wir aktuell nur die Erfahrung aus dem Fall der Pechmarie GmbH heranziehen können, der uns zeigte, dass alle bisherigen Einschätzungen neu zu überdenken sind und zukünftig das hohe Niveau aus den zielgerichteten Angriffen auch in der Masse zu erwarten ist.

Kernfragen zur Bewertung des Sicherheitsvorfalls

Was glaubt der Ansprechpartner, was passiert ist, und ist seine Geschichte schlüssig?

- Der Ansprechpartner hatte von Anfang an die Brisanz der Lage vor Augen und seine Schlussfolgerungen waren stets schlüssig.

Was für Ziele verfolgt unser Ansprechpartner nach unserer Ansicht und differiert dies zu den genannten?

- Die vom Ansprechpartner verfolgten Ziele entsprachen den Projektzielen, nämlich der Identifikation und dem Abwenden der Angriffe.

Wer könnte Interesse an dem gehabt haben, was passiert war?

- Anhand unserer Untersuchungen gab es zwar eine monetäre Forderung, diese stand zum Zeitpunkt der Untersuchung aber bei weitem nicht in Relation zu den offensichtlichen Aufwänden des Angreifers.

Wer hatte die Möglichkeiten, das zu tun, was passiert war?

- Professionelle Entwickler von Schadsoftware

Wer hatte den größten Nutzen von dem, was passiert war?

- Den größten Nutzen hatten die Entwickler der Schadsoftware zwar nicht dadurch, dass Lösegeld gezahlt wurde, aber dadurch, dass der Angriff getestet werden konnte.

Wie lautet die Abschlussthese?

- Die Pechmarie GmbH wurde von einer Art von Schadsoftware getroffen, deren Professionalität und Effizienz bis

(Fortsetzung)

dato unbekannt war. Es schien, als sei die Pechmarie GmbH in einer Angriffswelle gewesen, welche noch nicht in die Bereite gegangen war, denn es konnten zu dem Zeitpunkt weder aus offiziellen noch inoffiziellen Quellen weitere Unternehmen identifiziert werden, die mit ähnlichen Problemen zu kämpfen hatten. Erst einige Tage später tauchte zunächst ein weiteres Unternehmen auf und wiederum einige Tage später folgte dann der breit angelegte Angriff.

Quellen

1. baby-vornamen.de. Zugegriffen am 22.12.2016
2. http://www.namenforschung.net/dfd/projektvorstellung/. Zugegriffen am 22.12.2016

6 Der eigene Administrator als Angreifer

In den bisherigen Fällen zeigte sich, dass es mit sehr hoher Wahrscheinlichkeit externe Angreifer waren, die unsere Kunden bedroht hatten. Nicht so in folgendem Fall. Der in diesem Kapitel geschilderte Sicherheitsvorfall in einem Unternehmen, nennen wir es „Doubt AG", schien von Beginn an von einem Innentäter auszugehen.

6.1 Die Kontaktaufnahme

Im Verlauf des Jahres 2015 kontaktierte mich der Vorstand der Doubt AG bezüglich eines sehr pikanten Problems. Mein Ansprechpartner erläuterte mir, dass innerhalb seines Unternehmens der Verdacht herrsche, dass Mitglieder der IT-Abteilung Informationen der Vorstände

A. Dörsam, *Den Tätern auf der Spur*,
https://doi.org/10.1007/978-3-658-16466-9_6

und Geschäftsführer abfingen. Diese Verdachtsmomente kamen daher, dass wohl mehrere Personen der IT-Abteilung Informationen, welche lediglich innerhalb des Topmanagements kommuniziert worden waren, an Dritte weitergegeben hatten. Für eine Analyse und strategische Beratung zum Umgang mit dieser Situation bat mein Ansprechpartner um Unterstützung.

Da wir solche Maßnahmen schon mehrfach begleitet hatten, war sehr schnell klar, dass die Reaktionen auf einen solchen Verdacht in den meisten Fällen tendenziell stark ausfielen und auch ausfallen mussten. Im ersten Treffen sagten mehrere Personen aus, von den administrativen Mitarbeitern der IT-Abteilung Informationen über die Kommunikation des Topmanagements erhalten zu haben. Das Topmanagement entschied auf unser Anraten hin, davon auszugehen, dass es sich bei diesen Aussagen auch um wahrheitsgemäße Wiedergaben handelte.

Ermitteln gegen Mitarbeiter

Die Problematik bei einem Verdacht gegen Administratoren liegt darin, dass diese Fälle meist nur in einer Schwarz-Weiß-Sicht zu behandeln sind. Denn wenn Sie den Verdacht hegen, dass ein Administrator Informationen entwendet hat, so verfügt der Administrator über vielfältige technische Zugriffe, um seine Spuren nachhaltig verwischen zu können. Fällt also die Entscheidung, dass ein begründeter Verdacht existiert und sind auch Indizien für die These vorhanden, sollte entweder entschlossen oder gar nicht gehandelt werden. Hier wäre es emotional zwar schöner, zunächst mit dem Beschuldigten zu reden, was diesem aber auch zahlreiche Reaktionsmöglichkeiten einräumt. Seien Sie sich im Klaren da-

(Fortsetzung)

rüber, dass Sie auf der einen Seite die Rechte der Mitarbeiter wahren müssen und diese sollten keine verbrannte Erde hinterlassen, auf der anderen Seite gilt es, das Unternehmen zu schützen. Das ist ein schmaler, schwieriger und unangenehmer Grat. Umso wichtiger ist ein klares und geplantes Vorgehen.

Davon ausgehend, dass tatsächlich administrative Mitarbeiter der IT-Abteilung Informationen abfangen und weitergaben, ließ uns die Situation nur wenig Spielraum für das dann folgende Vorgehen. Wir mussten davon ausgehen, dass die Administratoren in der Lage waren, ihre Spuren zu verwischen, sobald sie von den Analysen gegen sich erfuhren. Entsprechend wichtig war es, ein Vorgehen zu entwickeln, welches diesen Umstand berücksichtigte. Außerdem gingen wir davon aus, dass die Administratoren über Fernzugänge in das Unternehmen verfügten, die für weitere Abflüsse von Informationen oder zum Schaden des Unternehmens genutzt werden konnten. In Zusammenarbeit mit dem Datenschutzbeauftragten, dem Betriebsrat, der Rechtsabteilung und dem Topmanagement erarbeiteten wir das Vorgehen so, dass den Administratoren keine Möglichkeit zur schadhaften Reaktion auf die von uns zu treffenden Maßnahmen blieb.

6.2 Erste Aktionen

Am Tag des Projektstarts wurden zunächst die beschuldigten Personen an einem Freitagmorgen für Gespräche von ihren Arbeitsplätzen wegbeordert. Dies war für uns das

Startsignal. Zusammen mit dem Dienstleister, welcher den Betrieb kommissarisch übernehmen sollte, wurden alle Zugänge aller verdächtigten Administratoren geschlossen. Aufgrund der Strukturen des Unternehmens und der weitläufigen IT musste das Unternehmen direkt vom Internet getrennt werden. Dieser Schritt war wichtig, um den Beschuldigten nicht die Möglichkeit eines Fernzugriffes zu geben. Aufgrund der administrativen Rolle der Beschuldigten konnte ohne das Abschalten des Internets nicht sichergestellt werden, dass der Zugriff nicht weiterhin erfolgen konnte. Neben dem Zugriff per Internet hatte die Doubt AG auch eine WLAN-Infrastruktur. Um den Beschuldigten auch hier kein Potenzial für Angriffe zu geben, wurde auch diese abgeschaltet. Dabei sahen wir uns allerdings mit dem Restrisiko konfrontiert, dass ggf. weitere WLAN-Router auf dem Gelände verteilt waren, die nur die Beschuldigten kannten. Deshalb leiteten wir weitere Maßnahmen ein, um auch den Zugriff auf ggf. unbekannte Funkzugänge zu blockieren. Dazu untersuchten wir unter anderem die Frequenzbänder des WLAN-Standards, um eventuelle weitere Sendestationen zu identifizieren. Noch während des laufenden Gespräches mit den Beschuldigten wurde so das Unternehmen weitreichend von der digitalen Außenwelt abgeschottet.

Den Beschuldigten wurde in den Gesprächen mitgeteilt, dass sie bis auf weiteres freigestellt waren und ihre Arbeitsmittel abzugeben hatten. Unter Beaufsichtigung mussten die Beschuldigten das Werksgelände verlassen. Damit begann der analytische Teil unserer Arbeit. Die Aufgaben teilten sich an dieser Stelle auf. Zusammen mit dem externen Dienstleister war ein Ziel, dass dieser bis zum folgenden Montag den gesamten Betrieb der Doubt AG übernehmen sollte. Unsere Zielsetzung war es primär, den Zugriff der Administratoren auf Informationen des Topmanagements nachzuweisen. Wir erhielten dazu neben den PCs und Laptops der Beschuldigten auch deren mobile Geräte zur Analyse. Die Schwierigkeit dabei lag zunächst darin, dass auch hier eine gerichtsverwertbare Sicherung durchgeführt werden musste. Dazu verwendeten wir ein eigens mitgebrachtes Serversystem und sicherten zunächst alle Informationen an einer zentralen Stelle.

6.3 Analysephase

Die Analysen begannen umgehend und wir extrahierten zunächst alle Informationen aus den Asservaten. Dabei wurden insgesamt mehrere Terabyte an Daten gesichert und für die weiteren Analysen vorbereitet.

Währenddessen kristallisierte sich das Problem heraus, dass einerseits immer mehr unbekannte Unternehmenshardware von dem Dienstleister zu Tage gefördert wurde und andererseits immer mehr Zugänge zu Systemen nicht möglich waren, da die Administratoren diese nicht dokumentiert hatten. Wir waren also mit dem Problem konfrontiert, dass wir entweder einen Weg finden mussten, um auf die Systeme Zugriff zu erhalten, oder sie mussten ersetzt werden. Nach der Freistellung der Beschuldigten war auf deren Unterstützung zumindest nicht zu hoffen.

6.4 Auswerten der Maßnahmen und Einleiten weiterer Schritte

Wir entschlossen uns also, die Analyse für einen Moment ruhen zu lassen, um den Dienstleister bei dem Zugriff auf die Infrastruktur zu unterstützen. Die Aufgabe war es, Zugriff auf die Maschinen zu ermöglichen, für welche keine Zugangsdaten existierten. Dies entsprach also der Freigabe, dutzende Male in Systeme einzubrechen. Wir begannen zunächst mit Angriffen auf Passwörter. Dabei stellte sich heraus, dass die Administratoren diverse nicht dokumentierte Zugänge verwendet hatten, die aber glücklicherweise zum Teil noch als Hashwerte auf den zu untersuchenden Maschinen vorlagen.

Angriffe auf Passwörter

Die Sicherheit von Passwörtern beruht auf mehreren Bestandteilen. Ein Bestandteil ist das Passwort selbst, je einfacher ein Passwort, desto einfacher ist es zu erraten. Ein anderer Bestandteil ist die Speicherung bzw. Übertragung von Passwörtern. Wird ein Passwort mathematisch schlecht verfremdet gespeichert oder übertragen, kann es an diesen Stellen auch angegriffen werden. Ein Beispiel für das Verfremden von Passwörtern für das Speichern oder Übertragen sind die bereits angesprochenen Hashwerte. Die Idee ist dabei, das Passwort auf eine Art zu verfremden, dass geprüft werden kann, ob ein Passwort richtig ist, ohne es „offen" speichern zu müssen. Das Verfahren von Hashwerten können Sie sich vorstellen wie einen Fleischwolf. Wenn Sie eine Kuh in einen sehr großen Fleischwolf werfen würden, kämen am anderen Ende genau 800 kg Hack heraus. Würden Sie – hypothetisch – die identische Kuh wieder in einen Fleischwolf werfen, kämen die gleichen 800 kg Hack wieder heraus. Werfen Sie eine

(Fortsetzung)

andere Kuh in den Fleischwolf, werden Sie niemals ebenfalls die gleichen 800 kg Hack erhalten. Das erlaubt es Ihnen, die 2-mal 800 kg Hack zu vergleichen und festzustellen, dass es sich um die gleiche Kuh (Passwort) gehandelt haben muss.

Finden Sie aber 800 kg Hack und stecken dies in das Ende des Fleischwolfs, wird am Anfang definitiv keine Kuh herauskommen. Somit sind Fleischwölfe fast genauso wie Hashverfahren nicht umkehrbare Funktionen.

Um ein so verfremdetes Passwort anzugreifen, müssen also so lange Passwörter durch dieses Verfahren erzeugt werden, bis das Produkt dem gleicht, was wir auf dem Computer vorgefunden haben. Hier kommt dann die Qualität des Passwortes zum Tragen. Verwenden Sie ein Passwort wie beispielsweise „Passwort123", ist die Aussicht auf einen erfolgreichen Angriff sehr hoch.

Dies liegt daran, wie sich die Komplexität von Passwörtern zusammensetzt. Die Komplexität des Passwortes „Passwort123" kann in zwei Arten beschrieben werden. Nicht „intelligent" angegriffen verwendet das Beispiel Groß- und Kleinbuchstaben sowie Zahlen. Dies bedeutet, jede einzelne Stelle des Passwortes kann die folgende Anzahl an Kombinationen enthalten: 26 (Großbuchstaben)+26 (Kleinbuchstaben)+10 (Zahlen). Dies ergibt eine Anzahl von Zeichen pro Stelle von 62. Das Passwort „Passwort123" verfügt über 11 Stellen. Die Komplexität ermittelt sich aus Anzahl der möglichen Zeichen hoch Anzahl der Stellen, also 62^11 = 5,20365606838371E+019. Professionelle Angreifer schaffen mit ihren Systemen bei einem Windows-Hashwert mehrere hundert Milliarden Passwörter pro Sekunde. Ausgehend von 300 Milliarden Passwörtern pro Sekunde würde ein nicht intelligenter Angriff auf ein Passwort der Komplexität 62^11 im „worst case" ca. 2007 Tage dauern. Zerlegt ein intelligenter Angreifer das Passwort aber wie folgt, reduziert sich die Komplexität deutlich: Teil 1: „Passwort", Teil 2: „123". Denn Teil 1 ist ein beliebiges Wort, davon gibt es laut Duden [1] ca. 300–500.000 in der

(Fortsetzung)

deutschen Sprache. Das bedeutet, egal wie lang das Wort ist, mehr als 500.000 Möglichkeiten gibt es in der deutschen Sprache nicht.

Die Komplexität von Teil 1 ohne die Berücksichtigung eines intelligenten Ansatzes ergibt sich aus: 26 (Großbuchstaben) +26 (Kleinbuchstaben)^8 = 53.459.728.531.456. Die Komplexität von Teil 1, intelligent betrachtet, ergibt erst einmal maximal 500.000 verschiedene Wörter. Dabei ist noch unklar, welche Zeichen des Wortes groß- oder kleingeschrieben sind, bei diesem Beispiel käme deshalb zusätzlich noch die Komplexität dazu, dass beliebige Zeichen dieses Teiles groß- oder kleingeschrieben sein könnten: 2^8. Damit erreicht der intelligente Ansatz eine maximale Anzahl von 128.000.000 Kombinationen für Teil 1 des Passwortes. Diese Annahme inkludiert allerdings nicht nur 8-stellige Wörter aus dem Wörterbuch, sondern alle. An diesem Punkt ist die Annahme zwar sehr stark vereinfacht, von einer detaillierteren Aufbereitung der Komplexität sehe ich an diesem Punkt aber ab. In einer Untersuchung würde das Vorgehen noch weiter optimiert werden, zur Verdeutlichung gehen wir hier aber von den Extremwerten aus. Der Vergleich der Extremwerte zeigt, dass die Komplexität von Teil 1 durch einen intelligenten Ansatz um den Faktor 417.654 reduziert werden kann.

Der Einfachheit halber wird die Reduktion der Komplexität von Teil 2 des Passwortes: „123" nicht weiter behandelt und vom Maximalwert ausgegangen. Dieser ist 10^3 und ergibt somit 1000 mögliche Passwortkombinationen.

Als Gesamtes betrachtet ergibt also der intelligente Angriff auf das Passwort „Passwort123" folgende Komplexität:

Teil 1: 128.000.000
Teil 2: 1000
Ergibt = 128.000.000*1000 = 128.000.000.000 mögliche Kombinationen.

(Fortsetzung)

Der intelligente Angriff bräuchte dann bei einer Geschwindigkeit von 300 Milliarden Passwörtern pro Sekunde nur noch 0,43 Sekunden anstelle von 2007 Tagen.

Als kleine Anmerkung, das verwendete Passwort „Passwort123" überschreitet die Empfehlungen für „sichere" Passwörter des Bundesamtes für Sicherheit in der Informationstechnik (BSI) bereits um drei Stellen. Die Angriffe auf Hashwerte mit Passwörtern, welche den gängigen Empfehlungen entsprechen, sind entsprechend erfolgreicher. Dabei liegt der Trick nicht darin, möglichst lange Passwörter zu wählen, sondern Passwörter, die so lang wie nötig sind (10–12 Zeichen), aber keinen „vorhersehbaren" Inhalt wie ein Wort aus dem Wörterbuch aufweisen. Das Passwort: Rechtschreibduden123 wäre beispielsweise wesentlich länger als das verwendete Beispiel „Passwort123", in der Komplexität aber nur unwesentlich besser, da es wieder auf einem von maximal 500.000 Wörtern basiert.

Verwenden Sie ein „gutes" Passwort, aber ein schlechtes Hashverfahren (der Fleischwolf), kann der Angreifer ebenfalls sehr schnell das Passwort ermitteln. Die Aufgabe eines Hashverfahrens besteht darin, ein Passwort so zu verfremden, dass damit gearbeitet werden kann, ohne das Passwort selbst speichern zu müssen. Stellen wir uns als Hashverfahren beispielsweise vor, dass als Ergebnis immer eine Zahl zwischen 0–9 erzeugt wird. Das bedeutet, egal welches Passwort Sie eingeben würden, es gäbe immer nur 10 unterschiedliche Ergebnisse. Da bei einer Passwortüberprüfung „nur" gegen diesen Hashwert geprüft wird, spielt es keine Rolle, welches Passwort Sie eingeben, solange am Ende der gewünschte Hashwert zwischen 0–9 erreicht wird. Der tatsächliche Schutz eines Passwortes setzt sich also aus mehreren Komponenten zusammen und kann nur dann gewährleistet werden, wenn alle angegriffenen Komponenten standhalten können.

Diese Erklärung gilt natürlich nur dann, wenn es sich um sogenannte „offline"-Angriffe handelt. Das bedeutet, der

(Fortsetzung)

Angreifer kann mit dem Hashwert nach „Hause" gehen und dort so schnell angreifen wie er möchte. Bei einem „online"-Angriff muss der Angreifer einen Dienst oder eine Maschine fragen, ob sein geratenes Passwort, denn auch das korrekte ist. Hierbei würde eine Windows-Domäne bereits nach wenigen Versuchen den Angriff blockieren und somit den Angriff „zum Erliegen" bringen.

Mit und teilweise auch ohne den Zugriff auf die verfremdeten Passwörter der Administratoren gelang es uns, einige, aber dennoch nicht alle Zugangsdaten zu rekonstruieren. Dieses Problem hatten wir in der Vergangenheit bereits öfter feststellen müssen, denn wenn aus irgendeinem Grund ein Administrator das Unternehmen verlässt, wird es schwierig, den IT-Betrieb zu gewährleisten, da wie in diesem Falle Zugänge und/oder Dokumentation fehlen. Für das Beschaffen einer Hand voll administrativer Zugänge benötigten wir mehr als einen Tag und einen sehr hohen Ressourceneinsatz. Dennoch war dies unumgänglich und günstiger als der Ersatz der Hardware respektive die Neuinstallation.

Nachdem die Angriffe auf Passwörter und Maschinen abgeschlossen waren, konnten wir unsere Analysen fortsetzen. Dabei suchten wir nach verschiedenen Arten von Indizien. Als Erstes ging es darum, nach Informationen zu suchen, auf welche die Administratoren keinen Zugriff haben sollten. Wir prüften daher im ersten Schritt, ob sich E-Mails auf den Rechnern befanden, bei denen die Beschuldigten weder Absender noch (in den Kopien angegebene) Empfänger waren. Da wir hierzu bereits eigene Software entwickelt hatten, zeigte sich sehr schnell, dass einer der

Administratoren über tausende E-Mails verfügte, die diesem Muster entsprachen. Diese so gefundenen E-Mails isolierten wir und durchsuchten sie anhand von Begriffen, die uns vom Topmanagement als vertrauliche Information mitgeteilt wurden und die die Administratoren nicht haben durften. Durch diese Maßnahme konnten wir eindeutig feststellen, dass auf einem der Geräte Informationen lagen, auf welche der Beschuldigte nicht hätte zugreifen dürfen. Des Weiteren untersuchten wir, wie der Beschuldigte an diese Informationen gekommen war, und fanden umfangreiche Zugänge auf Postfächer anderer Mitarbeiter des Unternehmens. Damit war klar, dass zumindest dieser Beschuldigte der Doubt AG auf Informationen zugegriffen hatte, auf die er nicht hätte zugreifen dürfen. Auf die gleiche Weise untersuchten wir auch die Systeme des anderen Beschuldigten, konnten dort allerdings keine Informationen über den Zugriff auf Informationen von Dritten nachweisen. Damit schlossen wir die Analysen mit der Erkenntnis ab, dass die Systeme eines der Administratoren vertrauliche Informationen von Dritten vorwiesen und diese vermutlich von dem Benutzerzugang des Mitarbeiters eingerichtet und eingesehen wurden.

Am darauffolgenden Montag wurde der Betrieb der IT-Infrastruktur durch den Dienstleister übernommen. Unsere Arbeit war getan und wir konnten im Verlauf der Woche mit einem Gutachten die Informationen dem Topmanagement zur weiteren Verwendung zur Verfügung stellen. Dieses hob eine Woche später die Freistellung des zweiten Beschuldigten auf und leitete rechtliche Schritte gegen den weiterhin Beschuldigten ein. Dieser gab aufgrund der sehr belastenden Informationen sein Schweigen auf und räumte ein, die vorgeworfenen Taten begangen zu haben.

Kernfragen zur Bewertung des Sicherheitsvorfalls

Was glaubt der Ansprechpartner, was passiert ist, und ist seine Geschichte schlüssig?

- Unser Ansprechpartner hatte sehr klar im Blick, was vorgefallen war, und konnte das auch schlüssig vermitteln.

Was für Ziele verfolgt unser Ansprechpartner nach unserer Ansicht und differiert dies zu den genannten?

- Der Ansprechpartner verfolgte das Ziel, den Abfluss von Informationen zu erkennen und zu unterbinden. Im weiteren Verlauf zeigte sich allerdings auch, dass das Misstrauen in den Beschuldigten so groß geworden war, dass die weitere Beschäftigung nicht forciert wurde.

Wer könnte Interesse an dem gehabt haben, was passiert war?

- An der Weitergabe von geheimen Informationen könnten Konkurrenten Interesse gehabt haben oder wie im vorliegenden Fall Mitarbeiter zur eigenen Profilierung.

Wer hatte die Möglichkeiten, das zu tun, was passiert war?

- Für die vorgefallenen Verstöße bedurfte es weitreichender technischer Zugriffe. Dazu wäre neben den beschuldigten Administratoren nur ein Angreifer in der Lage gewesen.

Wer hatte den größten Nutzen von dem, was passiert war?

- Mit der Weitergabe von vertraulichen Informationen an Kollegen wurde nach unserer Erkenntnis lediglich versucht, sich selbst zu profilieren. Ein monetärer oder strategischer Vorteil wurde nicht festgestellt.

(Fortsetzung)

Wie lautet die Abschlussthese?

- Es zeigte sich sehr klar, dass zumindest einer der Beschuldigten die ihm vorgeworfenen Taten begangen hatte. Außerdem wurde deutlich, dass die Abhängigkeit der Doubt AG von seinen administrativen Mitarbeitern sehr groß war und nur schwer mit dem Verlust dieser Ressourcen umgegangen werden konnte.

Quellen

1. http://www.duden.de/sprachwissen/sprachratgeber/zum-umfang-des-deutschen-wortschatzes. Zugegriffen am 22.12.2016

7 Vorbereitung auf den Ernstfall

Damit Sie sich so gut wie möglich vor Angriffen schützen respektive darauf reagieren können, ist es von großer Bedeutung, die Grundlagen eines sicheren Betriebes zu verinnerlichen und zu leben.

Bleiben wir beim Beispiel des Fahrrads vom Beginn dieses Buches: Bevor darüber diskutiert werden kann, welche Materialien sich für einen Fahrradhelm am besten eignen, ist es notwendig, zu wissen, wie ein Fahrradhelm konstruiert und gebaut wird.

Mit diesem Grundlagenwissen beschäftigen sich die nächsten Kapitel, bevor es dann in die konkrete Vorbereitung auf einen Sicherheitsvorfall geht. Um Ihnen die Notwendigkeit noch besser zu verdeutlichen, folgen zunächst Sicherheitsvorfälle, die aufgrund schlechter Vorbereitungen

A. Dörsam, *Den Tätern auf der Spur*,
https://doi.org/10.1007/978-3-658-16466-9_7

und quasi nicht existenter organisatorischer Regelungen schiefgelaufen sind.

7.1 Sicherheitsvorfälle, die schiefgelaufen sind

7.1.1 Der Mitarbeiter, der Daten entwendete und dann selbst zum Opfer wurde

Vor circa 3 Jahren kontaktierte uns ein Interessent wegen eines internen Sicherheitsvorfalls. Bei dem Sicherheitsvorfall handelte es sich nach Aussage unserer Kontaktperson um einen Mitarbeiter, welcher beschuldigt wurde, interne Informationen des Unternehmens auf externe Datenträger zu kopieren und diese dann aus dem Unternehmen zu schleusen. Zum Zeitpunkt der Kontaktaufnahme lagen unserem Ansprechpartner bereits der Computer und das Mobiltelefon des Beschuldigten sowie diverse Datenträger vor. Unser Ansprechpartner informierte uns darüber, dass es sich bei den Datenträgern auch um private Datenträger des Beschuldigten handeln würde. Unser Ansprechpartner bat uns darum, die vorliegenden Datenträger zu analysieren und zu prüfen, ob auf ihnen vertrauliche Daten des Unternehmens zu finden wären. Aufgrund der datenschutzrechtlichen Brisanz von Analysen von personenbezogenen Daten und speziell auch noch von privaten Datenträgern informierten wir unseren Ansprechpartner darüber, dass wir zum einen ein explizites Einverständnis des Beschuldigten benötigen, um dessen privaten Datenträger analysieren zu dürfen, und zum anderen die Bestätigung des Datenschutzbeauftragten hinsichtlich der „Legalität“ der Analyse der Unternehmensgeräte des Beschuldigten. Binnen 2 Stunden meldete unser Ansprechpartner, dass die benötigten Zustimmungen vorlägen und vom hausinternen Juristen auch als wirksam bestätigt worden seien. Daraufhin reisten wir noch am selben Tag für eine Analyse einmal quer durch Deutschland an. Wegen der langen Anreisezeit konnte die Untersuchung allerdings erst am nächsten Morgen beginnen. Wie üblich startete ich zunächst die Sicherung der entsprechenden Datenträger, um während des Sicherungsprozesses mit allen beteiligten Personen ein explizites Kick-off-Meeting durchzuführen. Ein technisches Meeting in einem kleinen Kreis hatte bereits am frühen Morgen des Tages stattgefunden und so ging es bei diesem Kick-off-Treffen lediglich um das Kommunizieren des weiteren Vorgehens, die Erwartungshaltung des Kunden und eben auch um die Übergabe des schriftlichen Einverständnisses bezüglich der Zugriffe auf die uns vorliegenden Daten. An diesem Punkt lag uns bereits eine schriftliche Zusicherung unseres Ansprechpartners vor, dass eine Überprüfung ergeben habe, dass wir definitiv auf die Daten zugreifen dürften. Da alle Rahmenbedingungen ohnehin schon schriftlich festgehalten worden waren, ging es bei dem Kick-off-Termin eigentlich nur noch darum, der Form halber diese Freigaben mit Originalunterschrift der Geschäftsführung und allen relevanten Personen in unsere Projektdokumentation zu überführen. Beim Sichten dieser detaillierten, vom hauseigenen Juristen freigegebenen Erklärung fiel mir als juristischem Laien allerdings auf, dass es sich hierbei eindeutig nicht um eine freiwillige Zustimmung des Beschuldigten handelte. Unser Ansprechpartner und sein Team hatten, laut dem Schriftstück, dem Beschuldigten in Begleitung des Werksschutzes sämtliche digitalen Datenträger und Geräte – inklusive seiner privaten – ohne dessen Zustimmung abgenommen und diese Person dann vom Werksgelände eskortiert. Dieser Vorgang wurde dann auch noch sehr detailliert schriftlich festgehalten und von allen beteiligten Personen unterschrieben. Somit schlussfolgerte ich im Rahmen dieses Termins, dass die angesprochene Freigabe zur Analyse keine wirkliche Freigabe war. Ich informierte die beteiligten Parteien über die Tatsache, dass wir auf dieser Basis die vorliegenden Datenträger nicht analysieren könnten und auch das Analysieren der unternehmenseigenen Hardware zumindest noch einmal besprochen werden musste. Dieser Umstand wurde von unseren Ansprechpartnern wenig positiv aufgefasst, was schlussendlich darin gipfelte, dass ich vor Ort entschied, die Arbeiten komplett einzustellen, alle Kopien vor Ort zu löschen und unverrichteter Dinge die Heimreise anzutreten. Trotz weiterer juristischer Unterstützung konnte unser Kunde keinen Weg finden, die vorliegenden Datenträger gerichtsverwertbar analysieren zu lassen.

Bei dem beschriebenen Fall handelt es sich leider nicht um einen Einzelfall. Auch wenn es um für das Unternehmen bedrohliche Situationen geht, heiligt der Zweck nicht die Mittel. Einiges von dem, was sich der Kunde gerne gewünscht hätte, wäre möglich gewesen, wenn dies vorher in entsprechenden Regularien und mit professioneller juristischer Beratung erarbeitet worden wäre. Ohne ein belastbares Fundament an Grundsatzentscheidungen und Regularien kann die Erwartungshaltung an die Analyse eines Sicherheitsvorfalles in einigen Fällen nicht erfüllt werden. Dieser Kunde hatte neben einer sehr speziellen Erwartungshaltung keinerlei belastbare Regularien, die es ermöglicht hätten, diesen Erwartungen gerecht zu werden, ohne selbst zumindest grenzwertig zu handeln.

7.1.2 Die Konkurrenz hört mit

Wie ich im vorherigen Fall dargestellt habe, sind Ermittlungen gegen eigene Mitarbeiter rechtlich zu prüfen und bergen einige Fallstricke, die berücksichtigt werden wollen. Dabei entsteht eventuell der Eindruck, dass ein externer Angreifer „einfacher" zu behandeln sei, da dessen Daten weniger schützenswert erscheinen. Bei dem im Folgenden dargestellten Fall handelt es sich um eben jenes Szenario eines externen Angreifers.

Im Jahr 2016 kontaktierte uns ein Interessent wegen des Abflusses von Firmengeheimnissen an Konkurrenten. Aufgrund verschiedener Ereignisse ging mein Ansprechpartner davon aus, dass die Konkurrenz über interne Informationen des Unternehmens verfügte, und bat mich zu einem Krisengespräch. Bei diesem Gespräch führte der Ansprechpartner aus, über welche Kanäle er erfahren hatte, dass andere Unternehmen vermeintlich über Firmengeheimnisse des Unternehmens verfügten. Da diese Ausführung für mich glaubhaft und nachvollziehbar erschien, begannen wir ein Konzept zur Analyse dieses vermeintlichen Abflusses von Informationen zu erarbeiten. Nach wenigen Stunden konnte ich ein entsprechendes Konzept vorlegen, welches beinhaltete, dass wir den ausgehenden Verkehr des Unternehmens überwachen und uns zentrale Punkte der Infrastruktur für dedizierte Analysen heranziehen sollten. Dazu zählten sowohl die Server, auf denen die vom Ansprechpartner angeführten Firmengeheimnisse lagen, als auch der Mailserver. Der Mailserver wurde deshalb in die Betrachtung mit einbezogen, da unser Ansprechpartner vermutete, dass Teile der Informationen über den eigenen Mailserver abgeflossen waren. Nachdem wir das Konzept so weit ausgearbeitet und die betroffenen Maschinen definiert hatten, ging es an die Ausführung. Wie üblich wies ich unseren Ansprechpartner darauf hin, dass wir uns rechtlich in die Lage versetzen müssten, diese Daten analysieren zu können. Hierfür boten wir ihm verschiedenste Optionen an. Die Notwendigkeit ergab sich daraus, dass die Privatnutzung im Unternehmen ungeregelt war und somit für mich als juristischen Laien keine Chance bestand, die vorliegende Situation rechtlich umfassend einzuschätzen. Die angebotene Option zur rechtlichen Absicherung unseres Unternehmens umfassten Abläufe, die wir in den letzten Jahren und mit der Unterstützung von spezialisierten Juristen erarbeitet und in solchen Fällen dutzendfach in dieser Form ausgeführt hatten. Das technische Vorgehen war klar, es war mit einer erhöhten Wahrscheinlichkeit davon auszugehen, dass Teile der Infrastruktur kompromittiert waren und es lagen verschiedene Optionen vor, das Projekt rechtlich auf sichere Beine zu stellen. Da das Unternehmen selbst über hauseigene Juristen und Datenschützer verfügte, ging das gesamte Konzept zur Freigabe zu den jeweiligen verantwortlichen Personen. Diese stellten dann wiederum fest, dass die

Fragen der Privatnutzung, Fragen zu den durch das Bundesdatenschutzgesetz geschützten Informationen und zur Abdeckung einer Auftragsdatenverarbeitung intern völlig ungeklärt waren und entsprechend überhaupt keine Aussage in irgendeine Richtung getroffen werden konnte und sollte. Daraufhin entschieden Juristen und Datenschützer, das Projekt zu diesem Zeitpunkt nicht freizugeben, bis die aufgetretenen Fragen geklärt wären. Da es bei Sicherheitsvorfällen aber auch Aspekte gibt, welche eine Analyse dann rechtlich doch zulassen, wollten wir hierfür zunächst den Kontakt zu unseren Juristen herstellen. Dieses Kontaktangebot wurde aber durch die internen Juristen des Kunden nicht wahrgenommen. Es stellte sich eine Art Schockstarre seitens der Juristen und Datenschützer des Kunden ein, die dazu führte, dass das Projekt weiterhin intern blockiert wurde – und das, obwohl der Verdacht bestand, dass eine dritte Partei Zugriff auf interne Informationen des Unternehmens genommen hatte und ggf. noch immer nahm. Schlussendlich hielt dieser Zustand volle sechs Wochen an, in denen ein akuter Zugriff auf die interne Infrastruktur immer noch unterstellt wurde. In diesem Zeitraum war es auch nicht mehr möglich, innerhalb des Unternehmens die angestrebte Analyse zu verheimlichen. Das bedeutete auch, dass ab dem Start des Projektes bereits in großem Umfang Personen über das Projekt informiert waren. Wäre eine der Personen der Täter gewesen, wüsste er also bereits Bescheid. Außerdem mussten wir bei der eigentlichen Analyse durch die Zeitverzögerung noch weiter in die Vergangenheit analysieren, was die Aussicht auf Erfolg massiv reduzierte. Da unser Ansprechpartner dennoch auf eine Analyse bestand, führten wir diese durch, konnten jedoch wie erwartet auch nur noch sehr vage Indizien extrahieren, welche am Ende keine klare Aussage über den Hergang, die Tragweite und eine mögliche Täterschaft zuließen.

Wie Sie diesem Fall entnehmen können, bedarf es auch für die Analyse von manchen externen Angriffen interner Regularien. Wenn Sie nicht in der Lage sind, Ihre eigenen Systeme unabhängig von der Datenschutzthematik analysieren zu lassen, spielt es keine Rolle, ob ein Angreifer von innerhalb oder außerhalb Ihres Unternehmens stammt. Deshalb ist es außerordentlich wichtig, dass die Grundlagen der organisatorischen Sicherheit verstanden und gelebt werden.

Werden die beschriebenen Fragestellungen nicht bereits vor einem Sicherheitsvorfall behandelt, kann es wie in den oben beschriebenen Fällen ausgerechnet im Ernstfall zu einer Eskalation kommen. Glücklicherweise passiert das nicht allzu häufig. Aus Sicht des Betroffenen reicht es allerdings aus, wenn dieser Fall ein einziges Mal auftritt und in Folge keine zeitnahe oder – schlimmer noch – gar keine Analyse möglich ist, und damit eine Schadensbehandlung erschwert oder gar unmöglich wird.

7.2 Grundlagen der organisatorischen Sicherheit

Wie Sie den verschiedenen Fällen entnehmen konnten, ist es regelrecht vermessen, sich nicht auf einen Ernstfall vorzubereiten. Doch diese Erkenntnis ist, wie so oft, erst der Beginn der Reise. Wie bereits besprochen ist die Definition Ihres persönlichen Sicherheitsniveaus unumgänglich.

Entsprechend handelt es sich dabei auch um den ersten Punkt Ihrer Vorbereitung. Die Kontrollfrage hier lautet: „Wovor habe „ich“ Angst?“

Achten Sie dabei unbedingt darauf, keine emotionalen Ängste festzuhalten, sondern professionell ein Risiko zu ermitteln. Übertragen wir diese Frage auf das Beispiel des Fahrradfahrens, Sie sollten sich lediglich dann mit dem Stürzen beim Überspringen eines Baumstammes auseinandersetzen, wenn Sie auch über Baumstämme springen. Ein Rennradfahrer wird in den seltensten Fällen lernen müssen, wie er das Gleichgewicht bei einem Sprung behält. Um möglichst erfolgreich sicherer zu werden, sollten Sie die für Sie wahrscheinlichsten Gefahren kennen.

Alle weiteren Schritte zum Schutz Ihres Unternehmens respektive beim Fahrradfahren beruhen auf diesem Referenzwert. Dieser Referenzwert sollte in einem Unternehmen oder privat nicht spontan von Einzelpersonen bestimmt, sondern im Rahmen eines Prozesses erarbeitet werden. Hierfür können beispielsweise ISO-Standards als Werkzeuge verwendet werden. Ein sehr passender Standard an dieser Stelle wäre die ISO-27001-„Familie“.

Bei dem Modell der ISO 27001 handelt es sich rudimentär um drei verschiedene Ebenen. Diese Ebenen gehen vom Allgemeinen ins Spezielle und halten Grundsatzentscheidungen fest. Die erste Ebene ist dabei die sogenannte Sicherheitsleitlinie und sehr abstrakt. In der zweiten Ebene finden sich Dokumente, welche den jeweiligen Personen bzw. Rollen eines Unternehmens Verhaltensweisen und Regularien vorgeben. Die dritte Ebene beschreibt bei Bedarf, wie genau diese Verhaltensweisen und Regularien umzusetzen sind. Der Vorteil dabei ist, dass Sie das

Anpassen von Details – falls erforderlich – in möglichst speziell zugeschnittenen Dokumenten vornehmen können, die aufgrund der klaren Zielsetzung sehr viel einfacher zu verabschieden sind. Stellt sich beispielsweise heraus, dass Ihre aktuelle Passwortrichtlinie ungenügend ist, können Sie lediglich die Passwortrichtlinie aktualisieren und verabschieden, ohne dass gleich noch weitere, „umfangreichere" Dokumente verabschiedet werden müssen. Am Beispiel der schiefgelaufenen Sicherheitsvorfälle können Sie sehen, was genau der Zweck solcher Regularien ist, nämlich diese Eskalationen zu vermeiden. Mit Dokumenten der ISO 27001 hätten Punkte wie Datenschutz und Privatnutzung vorab so geregelt werden können, dass zumindest der Großteil der Probleme in den beiden Fällen nicht aufgetaucht wäre.

Für die private Nutzung können die folgenden Ausführungen inhaltlich deutlich vereinfacht, aber dennoch sinngemäß verwendet werden.

Falls Sie sich dafür entscheiden, einen der gängigen Standards zu verwenden respektive zu interpretieren, ergibt sich zunächst die Notwendigkeit einer Sicherheitsleitlinie. Bei der Sicherheitsleitlinie geht es um das schriftliche Festhalten der Entscheidung „vor welchen grundlegenden Risiken möchte ich mich schützen und wenn ja in welchem Maß".

Die Frage einer grundsätzlichen Fahrsicherheit zieht sich durch das komplette Thema des Fahrradfahrens, unabhängig davon, ob es sich um ein Kind handelt, welches gerade mit dem Fahrradfahren beginnt, oder um einen sehr erfahrenen Fahrer. Ähnlich verhält es sich bei der Sicherheitsleitlinie. Diese ist unabhängig der tatsächlichen Firmengröße sinnvoll, da sie die Risikobereitschaft des Unternehmens festhält.

7.2.1 Das Fundament der organisatorischen Sicherheit

7.2.1.1 Das Vorgehen

Da Maßnahmen zur Erhöhung von Sicherheit in der Regel nicht gänzlich ohne Einschnitte in die Arbeitsweisen und die Privatsphäre möglich sind, bedarf es grundlegender Entscheidungen. So wie Fahrradfahren ohne Helm angenehmer ist, sofern Sie nicht stürzen, so ist eine Infrastruktur ohne Passwörter zunächst auch einfacher zu bedienen. Da diese Maßnahmen Ihre Benutzer entsprechend „hemmen" und eine gewisse Gegenwehr zu erwarten ist, sollten diese grundsätzlichen Entscheidungen für die IT-Sicherheit schriftlich festgehalten und von möglichst hierarchisch hoch gestellten Personen getroffen werden. Denn schlussendlich ist ein solches Dokument ein politisches Werkzeug zur Ausrichtung des gesamten Unternehmens. Da diese Richtlinie neben den Ausrichtungen auch Verantwortungen für die einzelnen Ziele festhält, wird die Sicherheitsleitlinie am besten von der Geschäftsführung verabschiedet. Sie muss nicht zwangsläufig auch von der Geschäftsführung erarbeitet werden, aber zumindest sollte sie in ihrer Entstehung begleitet werden. Hier gilt die Faustregel, wer hinterher den Schaden hat, sollte auch vorher entscheiden, ob mit oder ohne Helm gefahren wird.

Bei einer Leitlinie handelt es sich um ein hochgradig individuelles Dokument. Entsprechend ist es nicht ratsam, dies aus Vorlagen zu konstruieren, sondern tatsächlich den gesamten Prozess zu durchleben. Obwohl eine typische Leitlinie nur wenige Seiten umfasst, sind die grundlegenden

Entscheidungen zur Ausrichtung der Informationssicherheit oft schwierig zu formulieren. Achten Sie dabei darauf, dass Sie sich möglichst keine „Steine" in den Weg legen oder mit Aufgaben konfrontieren, deren Angemessenheit fraglich ist. Als Beispiel dafür gelten Entscheidungen, die Maßnahmen ableiten, die Sie im Ernstfall hemmen. Stellen Sie sich vor, Sie verwenden einen Fahrradhelm, welcher so fest auf Ihrem Kopf sitzt, dass er sich bei einem Sturz „nie" von Ihrem Kopf löst. Falls Sie nun stürzen und es notwendig ist, den Helm von Ihrem Kopf zu entfernen, eventuell, weil es ein Stock zwischen den Lüftungsschlitzen des Helmes hindurch geschafft hat und Sie nun doch am Kopf verletzt sind, haben Sie ein Problem. Leider verwenden Sie in diesem Augenblick einen Helm, der sich eben „nie" vom Kopf lösen lässt und entsprechend können Ersthelfer Sie nicht angemessen versorgen. Gleiches kann Ihnen in der Informationssicherheit widerfahren. Achten Sie stets darauf, dass Sie in möglichst allen Szenarien „Herr der Lage" bleiben können und Ihre Sicherungsmaßnahmen Sie zu keinem Zeitpunkt bei dem Unternehmensschutz hemmen oder stören. Definieren Sie einen möglichst massiven Verschluss für Ihren Helm, der sich unter bestimmten Bedingungen aber wieder öffnen lässt.

Um Sie bei dieser Definition zu unterstützen, sind die folgenden Eigenschaften einer Sicherheitsleitlinie sinnvoll. Sie sollte:

- schriftlich niedergelegt werden, denn wer schreibt, der bleibt;
- eindeutige Ziele beinhalten, denn je eindeutiger die Ziele, desto weniger Überraschungen;

- eindeutige Verantwortlichkeiten zuweisen, denn sollte niemand verantwortlich sein, wird sich auch niemand kümmern;
- konkret und klar formuliert sein, um Missverständnisse zu vermeiden;
- nicht mehr als ein bis zwei Seiten Text umfassen.

Um eine Leitlinie möglichst effizient zu entwickeln, bedarf es eines Gremiums. Dieses Gremium sollte in der Lage sein, Fragen aus technischer, organisatorischer, betriebswirtschaftlicher und rechtlicher Sicht zu beantworten. Achten Sie darauf, möglichst auf interne Ressourcen zurückzugreifen. Damit machen Sie sich unabhängig von externen Know-how-Trägern und bilden gleichzeitig Ihr eigenes Personal weiter. Zudem erweckt eine intern entwickelte Sicherheit ggf. mehr Vertrauen als eine externe, die unter Umständen „aufgezwungen" wirken kann.

Wie Sie diesen Umschreibungen entnehmen können, ist es unerlässlich, neben den Inhalten auch für eine entsprechende Akzeptanz zu sorgen. Sollten Sie Ihr Fahrrad jemals bei einer anderen Werkstatt als üblich in die Inspektion gebracht haben, werden Sie feststellen, dass die jeweiligen Werkstätten quasi automatisch die Arbeit des jeweils anderen kritisieren. Dem ist innerhalb Ihres Unternehmens vorzubeugen und deshalb gilt, dass wenigstens die folgenden Rollen vertreten sein sollten:

- Manager
  Diese Rolle sollte von einem möglichst hohen Vertreter des Managements besetzt werden, weil es sich bei der Sicherheitsleitlinie um die grundlegende Ausrichtung des

Unternehmens im Hinblick auf Sicherheit handelt. Außerdem ist es wichtig, über ausreichend Rückendeckung zu verfügen, um die beschlossenen Maßnahme im Unternehmen durchzusetzen. Neben der eigentlichen treibenden Kraft ist ein weiterer Effekt, dass das Management ein Gefühl für die Implikationen und Aufwände bekommt. Dies erleichtert im Verlauf des Prozesses das Anfordern neuer Ressourcen und Entscheidungen. Wie bereits besprochen, jongliert die Sicherheit immer zwischen Hemmnissen und Restrisiken. In der Zeit vor den Schäden werden die Menschen über die Hemmnisse diskutieren, denn niemand trägt gerne Helm, und in Zeiten von Schäden werden die akzeptierten Restrisiken kritisiert. Denn egal wie viel Schutzkleidung Sie tragen, sobald Sie sich verletzen und dann doch den Ellbogen aufschlagen, kommt der Gedanke, warum Sie den Ellbogenschoner eigentlich nicht getragen haben.

- Techniker
  Neben den organisatorischen Fragen stellen sich im Verlauf der Erarbeitung einer Sicherheitsleitlinie auch technische Fragen. Viel umfangreicher sind allerdings die Konsequenzen der Sicherheitsleitlinie auf die Technik. Da die Technik in der Lage sein muss, ihren Teil zum Erreichen der Sicherheitsziele beizutragen, sollte diese auch so früh wie möglich in den Prozess integriert werden. Sie können sich noch so gute Helme überlegen, wenn diese so nicht gebaut werden können, ist nichts gewonnen.
- Sicherheitsexperte
  Um die Maßnahmen den aktuellen und für Sie wahrscheinlichsten Risiken anzupassen, ist der Einsatz eines Sicherheitsexperten unerlässlich. Greifen Sie hierzu auf

einen möglichst erfahrenen Experten zurück. Scheuen Sie bei externen Experten nicht, deren Expertise in Form von Referenzschreiben anderer Kunden auf die Probe zu stellen. Die Aufgabe des Experten ist es, Ihnen einen Überblick darüber zu verschaffen, wie Stürze in Ihrer Rolle üblicherweise verlaufen. Ein Sicherheitsexperte sollte Ihnen vermitteln können, ob es sinnvoller ist Knie- und/oder Ellbogenschoner zu tragen. Er sollte auch in der Lage sein, Grenzen aufzuzeigen, beispielsweise dass Sie auf einem Rennrad vermutlich niemals mit Ellbogenschoner fahren, auf einem Mountainbike dagegen schon. Ferner ist es seine Aufgabe, darauf hinzuweisen, dass bei Angst vor Kopfverletzungen ein Ellbogenschoner untauglich ist.

- Jurist
  Neben dem Verfolgen der unternehmerischen Freiheiten darf der juristische Teil nicht außer Acht gelassen werden. Stellen Sie sicher, dass Ihre Entscheidungen, Anweisungen und Handlungen stets dem Gesetz entsprechen und dass auch bei einem Vorfall alle rechtlichen Grundlagen geschaffen wurden, im Sinne der Sicherheitsleitlinie zu handeln. Der Jurist ist sozusagen Ihr Sicherheitsexperte für rechtliche Belange.
- Betriebsrat
  Ihre Entscheidungen werden zwangsläufig Folgen für Ihre Kollegen und Mitarbeiter haben. Um hier einen bestmöglichen Konsens zu erreichen, binden Sie so früh wie möglich Vertreter der Mitarbeiter in den Prozess ein. Diese sollen die Interessen der Mitarbeiter vertreten. Versuchen Sie allerdings klar zu regeln, ab welchem Punkt die Sicherheitsinteressen der Mitarbeiter durch die Sicherheitsinteressen des Unternehmens beeinflusst werden und wie.

Ist die Leitlinie verfasst, liegt es allein in der Verantwortung des handlungsbefugten Managements, diese mit einer Unterschrift zu verabschieden.

7.2.1.2 Inhalte einer Sicherheitsleitlinie

Nachdem nun das Vorgehen klar ist, sind inhaltlich einige Dinge zu berücksichtigen. Auch bei den Inhalten der Sicherheitsleitlinie gilt, dass es sich um ein an Ihr Unternehmen angepasstes Dokument handeln sollte. Achten Sie stets darauf, dass die Formulierungen, die Wortwahl und der Grad an Regulierung auf Ihr Unternehmen zugeschnitten sind. Bei einem eher legeren Führungsstil und einem hohen Maß an Kreativität seitens der Mitarbeiter werden Sie voraussichtlich mit einer lockereren Regulierung mehr erreichen als mit einer sehr klar und hart umrissenen. Unabhängig davon sollten allerdings die folgenden Punkte in der Sicherheitsleitlinie berücksichtigt werden:

1) Notwendigkeit und Geltungsbereich

In diesem Bereich gibt das Management ein klares Statement bezüglich der Notwendigkeit der Sicherheitsleitlinie ab. Dies dient dazu, dem Dokument Authentizität und Nachdruck zu verleihen. Mit der Erklärung der Notwendigkeit der Sicherheitsleitlinie schaffen Sie auch die Grundlage dafür, dass Ihre Kollegen und Mitarbeiter die dann folgenden Maßnahmen besser einordnen und verstehen können. Es sollte ein gemeinsames Verständnis für die

Bedrohungslage des Unternehmens entstehen. Der Geltungsbereich legt dann exakt fest, für welche Bereiche diese Sicherheitsleitlinie gilt. In manchen Standards wird hier von „Scope" gesprochen. Dieser definiert, ob das gesamte Unternehmen betroffen ist, bestimmte Abteilungen oder ggf. Tochterunternehmen. Dieser Abschnitt ist damit zu vergleichen, dass Sie innerhalb Ihrer Familie vorgeben, dass alle immer mit Helm fahren müssen. Ähnliches macht der Gesetzgeber bei Motorradfahrern, diese dürfen zwar mit „beliebiger" Kleidung fahren, ein Schutzhelm muss aber getragen werden.

2) Definition der Sicherheitsziele

Wurde nun klar geregelt, aus welchen Gründen bestimmte Ziele verfolgt werden, sollten diese Ziele mit Leben gefüllt werden. Dabei geht es nicht darum, die Ziele möglichst detailliert zu beschreiben, sondern aus einer betriebswirtschaftlichen Sicht nachvollziehbare Entscheidungen zu treffen. Die Ziele könnten wie folgt formuliert werden:

- Verfügbarkeit der IT-Infrastruktur
- Vertraulichkeit der Unternehmensdaten
- Integrität der Unternehmensdaten
- Gewährleistung des guten Rufs
- Reduzierung der im Schadensfall entstehenden Kosten
- Sicherstellung der Kontinuität der Arbeitsabläufe
- Erhaltung der in Technik, Informationen, Arbeitsprozesse und Wissen investierten Werte

- Wirtschaftlichkeit der Schutzmaßnahmen
- Kompetenz der Mitarbeiter für die Informationssicherheit

Bei einem Fahrradhelm wäre ein Sicherheitsziel beispielsweise eine Zulassung durch entsprechende Prüfbehörden in Bezug auf dessen Sicherheit.

3) Regelung der Verantwortungen

Ist nun geklärt, welche Ziele warum verfolgt werden sollen, bedarf es noch der Zuordnungen zu einzelnen Verantwortungen. Dieser Punkt ist deshalb so wichtig, da durch die direkte Ansprache von Verantwortlichkeiten diese mit höherer Wahrscheinlichkeit auch wahrgenommen werden. Das Ganze sollte aber nicht in einer Überregulierung enden.

- Gesamtverantwortung
  Diese muss und wird immer bei der Geschäftsführung liegen. Es ist außerordentlich wichtig, das auch so zu kommunizieren. Wird diese Verantwortung nicht wahrgenommen, kann das den gesamten Prozess zum Erliegen bringen.
- Informationssicherheitsverantwortlicher
  Die Verantwortung bezüglich der Informationssicherheit sollte klar geregelt sein. Die Aufgabe des Informationssicherheitsverantwortlichen spiegelt sich in der Bezeichnung „Informationssicherheitsbeauftragter" (ISB) wider. Er hat in diesem Kontext unter anderem die Verantwortung, die Ausrichtung der Sicherheitsleitlinie stets den

aktuellen Bedrohungen und Entwicklungen gegenüberzustellen. Außerdem sollte er dafür sorgen, dass alle getroffenen Entscheidungen und Maßnahmen in einem regelmäßigen Prozess externen Prüfungen unterzogen werden. Es sollte bei der Auswahl des ISB darauf geachtet werden, die dafür optimale Besetzung zu wählen und nicht jene Person, welche bei der Abstimmung gefehlt hat. Förderlich bei einem ISB sind Vorkenntnisse in der IT-Sicherheit und den Prozessen des Unternehmens.

- Weitere Verantwortlichkeiten

  Ermitteln Sie anhand Ihrer individuellen Sicherheitsleitlinie weitere notwendige Verantwortlichkeiten. Achten Sie darauf, dass diese minimalistisch gewählt und beschrieben werden. Das reduziert das Risiko, dass Aufgaben vermeintlich bei anderen Verantwortlichen gesehen werden und somit unerledigt bleiben.

4) Sanktionen

Um den entwickelten Regularien den entscheidenden Nachdruck zu verleihen, verhängen Sie Sanktionen. Diese dürfen sicherlich keine Angst und Schrecken verbreiten, sollten aber so gewählt werden, dass das Interesse des Verfolgens der Sicherheitsleitlinie im notwendigen Maß angehoben wird.

5) Weitere Inhalte

Füllen Sie die Sicherheitsleitlinie ggf. mit weiteren Inhalten auf, um sie noch stärker an Ihre Bedürfnisse anzupassen.

Beachten Sie dabei aber, dass keine Verwässerung der Information stattfinden darf und die Sicherheitsleitlinie so minimal wie möglich gehalten wird.

Auch sollten keine Detailregelungen zu einzelnen Bereichen erfolgen, da diese erst in den nächsten Dokumentenebenen dargestellt werden. Sonst führen insbesondere Veränderungen im technischen oder datenschutzrechtlichen Bereich schnell dazu, dass die Leitlinie ständig aktuellen Entwicklungen angepasst werden muss.

Weiter Hinweise und Innformationen erhalten Sie in den Dokumenten der Antago GmbH.

7.2.2 Teamwork makes the dream work

Haben Sie diesen Prozess durchlebt, verfügen Sie nun über das Fundament, einerseits sicherer zu werden und andererseits sich auf den Ernstfall vorzubereiten.

In den nun folgenden Schritten werden Maßnahmen definiert, welche darauf abzielen, in Ihrer Leitlinie bestimmte Ziele zu erreichen. Beachten Sie dabei, dass die Anweisungen adressatenspezifisch formuliert werden. Dabei geht es darum, einer bestimmten Gruppe bzw. Rolle in Ihrem Unternehmen vorzugeben, wie sie sich im Regelbetrieb und im Ernstfall zu verhalten hat. Dazu können Sie ebenfalls in der Welt der Standards bleiben. Für diese Vorgaben können Sie im Rahmen des ISO-Standards auf sogenannte Layer-2-Dokumente zurückgreifen. Mit diesen Dokumenten formulieren Sie abstrakte, aber dennoch klare Handlungsanweisungen für die in Ihrem Unternehmen vertretenen Rollen. Diese sind üblicherweise Benutzer, Administratoren und externe Dienstleister.

Bei dem Vergleich mit dem Fahrradfahren können Sie sich die Sicherheitsleitlinie als „allgemeine Richtung" vorstellen. Diese allgemeine Richtung wäre beispielsweise, dass das Fahrradfahren möglichst sicher abzulaufen hat, aber dabei berücksichtigt werden muss, dass Sie beim Fahren lediglich gering eingeschränkt werden dürfen.

In den Layer-2-Dokumenten kann dann genauer darauf eingegangen werden, was ein sicherer Ablauf und eine geringe Einschränkung konkret bedeuten. Bei einer Benutzerordnung würden Sie im Kontext Fahrradfahren festhalten, welche Aufgabe der Fahrer hat, während er auf dem Fahrrad sitzt. Beispielsweise dürfte er während der Fahrt mit dem Fahrrad einen Berg hinunter sein Handy nicht benutzen. Des Weiteren sollte der Fahrradfahrer nicht betrunken sein, während er sein Fahrrad benutzt. Eine Administratorenordnung würde vorgeben, wie an dem Fahrrad grundsätzlich zu „schrauben" ist. Der Fahrer kann prinzipiell sowohl als Fahrer (Benutzerordnung) als auch als Mechaniker (Administratorenordnung) auftreten. Soll er als Mechaniker auftreten, können Sie sinngemäß in der Administratorenordnung festhalten, welche Anforderungen zu erfüllen sind. So sollten alle Schrauben mit einem speziellen Drehmomentwerkzeug angezogen werden, damit sie weder zu schwach noch zu fest montiert werden. Zudem sollte der Mechaniker darauf achten, die Anbauteile möglichst nach gängiger Praxis und nicht falsch herum zu montieren. Die Dienstleisterordnung könnte vorgeben, wie mit dem Fahrzeug zu verfahren ist, wenn Externe hinzugezogen werden.

Hier können Sie einer Werkstatt die gleichen Pflichten wie einem lokalen Mechaniker auferlegen. Zusätzlich können Sie aber noch festhalten, dass beispielsweise bei Fehlern, also wenn ein Lenker nun doch falsch herum montiert wird, der Dienstleister haftet.

An diesem Beispiel können Sie erkennen, wie die Aufteilung und Adressierung der Dokumente gedacht ist. Da sich dieser Prozess in der eigentlichen Informationssicherheit etwas komplexer gestaltet, sollen die folgenden Informationen Sie dabei unterstützen. Dieser Prozess könnte wie folgt ablaufen:

Am Anfang des Prozesses steht wieder das Team der Sicherheitsleitlinie. Dieses Team soll im weiteren Verlauf festlegen, welche Verhaltensweisen und Regularien für die im Unternehmen vertretenen Rollen gelten.

7.2.2.1 Die Benutzerordnung

Eine Benutzerordnung ist an all jene adressiert, welche sich als normale Benutzer innerhalb der IT-Infrastruktur bewegen (der Fahrer des Fahrrads). Dies gilt auch dann, wenn eigentliche IT-Administratoren die Infrastruktur normal verwenden. Im Rahmen dieser Benutzerordnung muss nun geregelt werden, welche Verhaltensweisen von allen Benutzern erwartet werden. Diese Verhaltensweisen werden direkt aus der Sicherheitsleitlinie abgeleitet und dienen dazu, die darin enthaltenen Ziele zu erreichen. Möchten Sie beispielsweise die Sicherheit Ihres Unternehmens erhöhen, ist es schon einmal sehr hilfreich, wenn die Benutzer keine ausgedruckten Passwörter an ihre Fenster, mit Schrift nach außen, montieren. Jedoch auch bei der Benutzerordnung gilt, so kurz und prägnant und so allgemeingültig wie möglich. Es werden keine detaillierten Angaben gemacht, sondern möglichst abstrakt Wissen vermittelt. Genaue technische Anweisungen und Verhaltensangaben können in weiteren Dokumenten der Ebene 3 geregelt werden. Es ist allerdings zu empfehlen, dass die folgenden Punkte innerhalb der Benutzerordnung aufgeführt werden:

- Die Rolle eines Benutzers und seine daraus resultierende Verantwortung für die Sicherheit der IT-Infrastruktur
- Die aus dem Internet herrührenden Risiken und Bedrohungen
- Die aus seinem eigenen möglichen Fehlverhalten resultierenden Risiken und Bedrohungen
- Die Gründe und Auswirkungen eventuell vorgenommener „Einschränkung seiner Handlungsfreiheit" oder Dienstverfügbarkeit
- Die möglichen Folgen von Sicherheitsverletzungen für ihn selbst, aber auch und insbesondere für die anderen Benutzer und die Institution als Ganzes

Diese Punkte müssen jedem Benutzer der Infrastruktur zweifelsfrei klarwerden. Ohne diese Grundlage kann ein kontrollierter Betrieb kaum erreicht werden. Um dies nun in eine Struktur zu fassen, können folgende Inhalte abgeleitet werden:

- Der Benutzer sollte ausreichend, aber prägnant über die Risiken informiert werden, welche bei der Nutzung der IT-Infrastruktur existieren. Um auch hier das Beispiel des Fahrradfahrens wieder aufzugreifen: Dem Fahrer sollte klarwerden, mit welchen Risiken er beim Fahrradfahren konfrontiert ist.

- Die Administration der Infrastruktur obliegt ausschließlich dem administrativen Personal. Dabei ist es irrelevant, ob dieses extern oder intern existiert. Administrative Handlungen dürfen in der Rolle des Benutzers nicht ausgeführt werden. Dies würde bedeuten, dass Sie Ihrem Fahrer verbieten, selbst an dem Fahrrad herumzuschrauben, sofern Sie ihn nicht zusätzlich ebenfalls explizit zum Mechaniker ernannt haben.
- Unter gewissen Umständen kann es möglich und sinnvoll sein, dass dem Benutzer Eingriffe in die Konfiguration der Maschine gewährt werden. Diese Umstände gilt es schriftlich und eindeutig festzuhalten. Schauen Sie sich beispielsweise Langstrecken-Fahrradrennen an, dann werden Sie sehen, dass ab und zu ein Fahrer selbst einen kaputten Reifen reparieren muss/darf.
- Die Form der Nutzung der Infrastruktur muss geregelt werden. Und hier muss insbesondere die Nutzung der Infrastruktur für private Zwecke klar festgelegt sein. Die Regelung der Privatnutzung darf allerdings zu keinem Zeitpunkt negativen Einfluss auf die definierten Sicherheitsziele haben. Kollidieren das Bedürfnis und die impliziten Pflichten der Privatnutzung mit Sicherheitszielen des Unternehmens, ist es auch gegen die Interessen der einzelnen Mitarbeiter notwendig, die Sicherheitsziele des Unternehmens zu priorisieren. Das heißt, selbst wenn der Fahrer es für eine gute Idee hält, darf er mit dem Rennrad keine Mountainbike-Strecke herunterfahren.

- Sollten die privaten Daten auf der Maschine, welche dem Benutzer zur Verfügung gestellt wird, weiterverarbeitet werden, muss dies kommuniziert, begründet und geregelt werden.
- Grundlegende Nutzungshinweise im Hinblick auf die Speicherung lokaler Daten sollten vorgegeben werden. Dabei handelt es sich sowohl um die strukturelle Speicherung als auch um die gewählten Titel von Dateien und Ordnern. Nur so kann sichergestellt werden, dass auch alle unternehmensrelevanten Daten ihren Weg ins Backup finden.
- Eine Belehrung der Benutzer über die zu unterlassende Nutzung von ggf. strafrechtlich relevanten, pornografischen, Gewalt verherrlichenden oder ähnlichen Inhalten muss durchgeführt werden.
- Der Umgang mit den Zugangsdaten des Benutzers sollte vorgegeben werden. Dabei sollte unter anderem das Aufschreiben und Weitergeben von Zugangsdaten verboten werden sowie das Nutzen schwacher Passwörter (wobei die Regelung, was ein starkes und was ein schwaches Passwort ist, wie dieses gewählt und wie oft gewechselt werden soll etc., dann in der Ebene 3 in einer eigenen Passwortrichtlinie noch zu definieren wäre).

Daraus ergibt sich beispielsweise folgender Aufbau der Be nutzerordnung:

6) Notwendigkeit und Geltungsbereich

In diesem Abschnitt gilt es, die Benutzer der Infrastruktur „abzuholen“ und den Bezug zur Sicherheitsleitlinie herzustellen. Ähnlich der Sicherheitsleitlinie geht es in diesem Abschnitt auch darum, Motivation zur Umsetzung der getroffenen Regelungen zu erzeugen und gleichzeitig eine Richtung vorzugeben. Denn wenn Sie beim Fahren mit einem Fahrrad den Zweck des Helmes nicht nachvollziehen können, werden Sie ihn vermutlich auch nur ungern und/oder sporadisch tragen.

7) Nutzungsbedingungen

Dieser Abschnitt regelt die bereits weiter oben angesprochenen Inhalte. Achten Sie dabei auch darauf, dass den Benutzern, sofern dies Ihre Leitlinien vorsehen, etwaige stichprobenartige Missbrauchskontrollen angekündigt werden. Im gleichen Zuge sollte geregelt sein, was ein Missbrauch in Ihrem Sinne bedeutet:

- Der Aufruf von Inhalten wie Pornografie, Gewaltverherrlichung oder mit strafrechtlicher Relevanz.
- Inhalte, deren Konsum langfristig als Arbeitszeitbetrug ausgelegt werden könnte.

8) Private Nutzung

Bei der privaten Nutzung der Infrastruktur handelt es sich um ein Thema, welches aktuell einem großen Wandel unterzogen ist. Nehmen Sie hier aktuelle juristische Unterstützung in Anspruch, um eine optimale Lösung zu finden. Am erstrebenswertesten erscheint eine Lösung, bei welcher Sie den Benutzern eine private Nutzung ermöglichen, ohne gleichzeitig in Pflicht- und Haftungssituationen zu gelangen respektive bei der Verfolgung von Unternehmenszielen gehemmt zu werden.

9) Sicherheitsrichtlinien

Dies sind die Richtlinien zur Erreichung eines höheren Maßes an Sicherheit. Dazu zählt unter anderem:

- Eine Aufklärung zum Umgang mit lokaler Sicherheitssoftware
- Der Umgang mit E-Mails
- Der Umgang mit zu installierender Soft- und Hardware
- Der Umgang mit Authentifizierungsmerkmalen
- Die Regelungen bei der Nutzung des Internetzuganges

10) Vertreterregelung/Abwesenheitsregelung

Hierbei gilt es im Besonderen die Vertreterregelungen vorzugeben. Zusätzlich sollte der Benutzer Anweisungen erhalten, die bei Abwesenheit zu befolgen sind. Dies umfasst in der Regel:

- Automatische Weiterleitung von Telefonanrufen
- E-Mail-Benachrichtigung beim Empfang neuer Mitteilungen

11) Protokollierung

Die Benutzer müssen über die Form und den Umfang einer Protokollierung Ihrer Aktivitäten informiert werden. Achten Sie hierbei darauf, dass gesetzliche Vorgaben eingehalten werden. Für die Forensik gilt aber: Mehr ist mehr, je umfangreicher die Protokollierung, desto mehr kann analysiert werden.

12) Missbrauchskontrolle

Regulieren Sie, in welchem Rahmen eine Missbrauchskontrolle der Benutzer durchgeführt wird. Beachten Sie hierbei dringend die gesetzlichen Vorgaben.

13) Sanktionen

Um der Benutzerordnung den notwendigen Nachdruck zu verleihen, definieren Sie angemessene Sanktionen.

14) Schlussbestimmung

Weisen Sie in der Schlussbestimmung darauf hin, dass die Benutzerordnung fortlaufender Optimierung unterzogen werden sollte, um diese stets den aktuellen Bedrohungen anzupassen.

Wenn Sie die hier aufgeführten Parameter beachten, versetzt Sie das in die Lage, mit der Benutzerordnung einen kontrollierten Zustand in Ihrer IT-Infrastruktur zu erreichen und Ihre Sicherheit zu erhöhen. Doch eine Benutzerordnung stellt nur einen Teil der notwendigen Layer-2-Dokumente dar. In den folgenden Abschnitten stelle ich Ihnen zwei weitere Dokumente vor, die sehr häufig eingesetzt werden.

7.2.2.2 Die Administratorenordnung

Zum Alltag einer IT-Infrastruktur gehören neben Benutzern auch Administratoren. Denn völlig unabhängig davon, wie gut Sie Fahrrad fahren können, früher oder später muss Ihr Fahrrad gewartet werden.

Administratoren sind so lange als Benutzer zu betrachten, wie von ihnen keine administrativen Tätigkeiten durchgeführt werden. Wichtig dabei ist, dass auch, wenn ein Administrator teilweise administrativ arbeitet, für ihn keine Ausnahmen im Hinblick auf sein Verhalten als Benutzer gelten. Nur weil Sie in der Lage sind, das Fahrrad hinterher zu reparieren, sollte es trotzdem nicht erlaubt sein, dass Sie es mutwillig zerstören.

Ein Administrator wird sich einen sehr großen Teil seiner Arbeitszeit primär an die allgemeine Benutzerordnung halten müssen. Um den Mitarbeiter in seiner Rolle als Administrator die notwendige Führung zu geben, gibt es das Werkzeug der Administratorenordnung. Hier halten Sie fest, welche Verhaltensweisen Sie bei administrativen Tätigkeiten erwarten. Im übertragenen Sinne geht es darum, wie der Mechaniker mit dem Fahrrad umzugehen hat ab dem Moment, an dem er den Helm weglegt und den Schraubenzieher in die Hand nimmt.

Für Informationssicherheit könnte dies zum Beispiel Folgendes beinhalten:

- Wahren von Datenschutz
- Dokumentation

- Aktualität der Infrastruktur gewährleisten
- Verfügbarkeit der Infrastruktur gewährleisten
- Modifizierbarkeit und Skalierbarkeit der Infrastruktur gewährleisten
- Verwalten von administrativen Zugängen
- Backup von Daten durchführen
- Umgang mit Verschlüsselung
- ...

Wie Sie sehen, werden die Vorgaben in einer Administratorenordnung schnell sehr detailliert und/oder umfangreich. Sollten die Inhalte in ihrem Detailgrad ausufern, kann auch an dieser Stelle wieder auf Layer-3-Dokumente zurückgegriffen werden. Ein Layer-2-Dokument würde beispielsweise festhalten, dass ein Lenker am Fahrrad mit mechanischen Verbindern (Schrauben) zu befestigen ist. In einem Layer-3-Dokument könnte dann stehen, dass es sich dabei um 4 Stück M6-Schrauben mit Inbuskopf handeln muss, welche mit 9 NM anzuziehen sind. Hintergrund dieser Aufteilung ist es auch hier wieder, zu häufige Änderungen an dem Dokument aufgrund technischer Neuerungen und Entwicklungen zu vermeiden und nur solche Regelungen darin auszugestalten, die ausnahmslos alle Administratoren betreffen.

Zur Verdeutlichung der Inhalte stelle ich Ihnen einige Punkte aus der Aufzählung etwas genauer vor. Beginnen wir mit der Anforderung ***Wahren von Datenschutz***. Im Alltag eines jeden Administrators ist es möglich, umfangreich auf Informationen zuzugreifen. Dies beginnt bei öffentlichen Informationen, beinhaltet aber nicht selten auch Daten aus Forschung und Entwicklung, vertrauliche Informationen aus dem Marketing, Personaldaten bis hin zu privaten Daten wie E-Mails. Aufgrund der notwendigen Arbeitsfähigkeit des Administrators ist es technisch sehr schwierig, einen Administrator von umfangreichen Zugriffen abzuhalten. Entsprechend wichtig ist es, darüber aufzuklären, dass diese Zugänge ausschließlich zu administrativen Zwecken eingesetzt werden dürfen. Technisch gesehen muss also davon ausgegangen werden, dass die administrativen Benutzer über umfangreichste Möglichkeiten innerhalb der IT-Infrastruktur verfügen. Ein Mechaniker ist beispielsweise technisch in der Lage, mit einem Bohrer in den Reifen zu bohren, dennoch ist dies eher keine vorteilhafte Vorgehensweise. Die Zugänge der Administratoren dürfen also nur und ausschließlich für administrative Arbeiten eingesetzt werden.

Es sollte forciert werden, dass ein Administrator stets versucht, das Werkzeug zu wählen, bei welchem seine Zugriffe auf – im weitesten Sinne – vertrauliche Informationen möglichst minimal gehalten werden. So ist es beispielsweise in der Regel nicht notwendig, dass ein Administrator für Wartungsarbeiten alle Zugänge seiner Kollegen kennt und diese für Zugriffe nutzt. Ein Administrator sollte stets dedizierte und personalisierte administrative Konten verwenden. Mit diesen Zugängen sollte bei den Zugriffen im Sinne des Datenschutzes stets das „mildeste Mittel" genutzt werden. Das heißt, die Einsicht von sensitiven Informationen sollte durch die Administratoren so gering wie möglich gehalten werden.

Der Fahrradmechaniker könnte zwar versuchen, mit einem großen Hilti-Bohrhammer die Schrauben des Lenkers auf 9 NM (wenig) festzuziehen, eine gute Idee wäre das allerdings trotzdem nicht, denn die Chancen, dass der nicht ganz so filigrane Bohrhammer eine so feine Schraube zerstört, sind sehr groß.

Die Administratoren sollten darüber aufgeklärt werden, dass sie im Zweifelsfall bei einigen Zugriffen vorab den Datenschutzbeauftragten oder eine vergleichbare Instanz hinzuziehen müssen.

Ein weiterer, sehr wichtiger Punkt ist die ***Dokumentation***. Spöttisch behauptet manch ein Programmierer seit Jahren, dass Dokumentation nicht nötig sei, denn Kunstwerke sprächen für sich. Dies mag wohl für manche Dinge tatsächlich gelten, aber nicht für eine IT-Infrastruktur. Verpflichten Sie Ihre administrativ tätigen Mitarbeiter darauf, umfassende und lückenlose Dokumentationen anzufertigen. Diese Dokumentationen sollten so aufgebaut sein, dass Sie den Betrieb Ihrer Infrastruktur möglichst problemlos und sehr zeitnah an andere Personen übergeben können. Sie werden allerdings höchstwahrscheinlich auch feststellen, dass diese Art zu denken dem administrativen Personal nicht gefallen wird. Doch unabhängig davon, ob das den Administratoren gefällt, zum Schutz des Unternehmens muss unbedingt eine Dokumentation vorliegen, welche den Betrieb Ihrer Infrastruktur von dem Wissen einzelner Personen entkoppelt. Falls Sie sich professionelle Mountainbike-Rennen anschauen, können Sie beispielsweise beobachten, dass an den Federgabeln der Fahrräder manchmal Klebezettel mit Zahlen zu erkennen sind. Hier führen professionelle Mechaniker eine Dokumentation darüber, wie das Fahrwerk des Fahrrades eingestellt wurde. Diese Dokumentation erreicht Transparenz und Nachvollziehbarkeit und daraus resultierend optimale Ergebnisse.

Oft wird das Thema der ***Aktualität der Infrastruktur*** angesprochen. Hier neigen wir Techniker sehr gerne dazu, zu behaupten – oder noch schlimmer – es anzustreben, über aktuelle Maschinen zu verfügen. Aktuell bedeutet in diesem Falle, dass keine meist sicherheitsrelevanten Verbesserungen des Betriebssystems existieren, welche noch nicht eingespielt wurden. Diese Thematik kann unter dem Begriff „Patchmanagement“ zusammengefasst werden. Das Schwierige bei einem Patchmanagement ist, dass emotional versucht wird, so aktuell wie möglich zu sein, da das der offensichtlich beste Zustand ist. In der Realität kollidiert das aber mit dem Problem, dass Patches selbst dem Betriebssystem Schaden zufügen können und bei manchen Patches die auf den Maschinen installierte Software nicht mehr benutzt werden kann. Stellen Sie sich also vor, ein Administrator würde immer alle Patches sofort einspielen und beispielsweise das in Ihrem Unternehmen eingesetzte Programm zum Verarbeiten von E-Mails würde aufgrund eines Patches nun nicht mehr starten. Dann wären Sie zwar sicherheitstechnisch auf dem aktuellsten Stand, aber eben auch arbeitsunfähig. Eine der ersten Erkenntnisse beim Entwickeln eines Patchmanagements ist es also, dass Sie höchstwahrscheinlich nicht alle Maschinen immer sofort patchen sollten. Daraus leitet sich wiederum die Frage ab, wann welche Maschinen gepatcht werden sollten. Hier gibt es unterschiedlichste Philosophien. Auch hier empfiehlt es sich wieder, im Sinne des Risikomanagements vorzugehen. Dabei stellen Sie sich zunächst die Frage, welche Maschinen respektive Applikationen wie wahrscheinlich von einem Patch Schaden davontragen. Dabei wird sich zeigen, dass es eher unwahrscheinlich ist, dass normale Bürocomputer durch einen Patch gestört werden, für eine Telefonanlage oder Industrieanlage ist es dagegen sehr viel wahrscheinlicher. Je spezieller eine Maschine oder eine Software, desto größer wird dieses Risiko.

Bei diesem Konzeptschritt zeigt sich also, wie hoch welche Risiken beim Patchen sind. Erweitern können Sie diese Erkenntnis mit der Frage, wie wahrscheinlich es ist, dass ein Angreifer und ein System aufeinander treffen. Hier werden Sie Maschinen haben, welche eher mit einem Angreifer in Kontakt kommen, und hoffentlich auch Maschinen besitzen, bei denen ein Kontakt mit einem Angreifer deutlich unwahrscheinlicher ist. So wird ein Webserver beispielsweise permanent und direkt bedroht alleine dadurch, dass er im Internet exponiert ist, Ihre Industrieanlage sollte aufgrund Ihrer Architektur aber aufwendiger im Zugriff sein. Legen Sie diese Risiken nun nebeneinander, können Sie jetzt schon feststellen, dass ein Webserver aufgrund seiner exponierten Lage sehr wahrscheinlich mit Angriffen in Kontakt kommt und gleichzeitig geringere Risiken beim Patchen birgt. Hier spricht also kaum etwas dagegen, diese Maschine entsprechend früh zu aktualisieren. Das könnte eine der ersten Wellen eines mehrwelligen Patchmanagements sein. Jede Welle könnte Maschinen beinhalten, die in dieser Welle zu aktualisieren sind. Zueinander haben die Wellen dann einen gewissen Zeitversatz. So könnten wir an dieser Stelle festhalten, Welle 1: Webserver, aktualisieren innerhalb von einer Woche. Wie viele Wellen sinnvoll sind und wie weit diese zeitlich voneinander getrennt sein sollten, ist in angemessenen Konzepten zu erarbeiten. Beispielsweise wird sich herausstellen, dass in den hinteren Wellen, in denen ggf. eine Industrieanlage steckt, sehr große Risiken enthalten sind. Die Risiken sind eventuell so groß, dass Sie sich vielleicht sogar dazu entscheiden müssen, gar keine Patches einzuspielen. Um auch hiermit umzugehen, kann eine dritte Metrik eingeführt werden, die Perimeter-Sicherung. Damit können Sie definieren, dass je später ein System einer Patchwelle zugeordnet ist, desto mehr Sicherheit um die Maschine herum aufgebaut werden muss. Die Annahme dabei ist, dass eine Maschine in einer späten Welle sich selbst kaum mehr schützen kann. Setzen Sie vor eine solche Maschine aber spezielle Sicherungsmaßnahmen in dem Wissen, dass die Maschine sich selbst nicht schützen kann, erreichen Sie schlussendlich dennoch einen vertretbaren Zustand. Je weniger erfolgreich eine Komponente den Eigenschutz gewährleisten kann, desto stärkere Maßnahmen werden „darum herum" aufgefahren. All diese Grundsatzentscheidungen und Konzeptarbeit sollten Sie Ihren Administratoren vorgeben bzw. sie in die Pflicht nehmen, sie selbst zu entwickeln. Die Hauptsache ist, ein risikobasiertes Patchmanagement zu schaffen, welches nicht blindlings auf möglichst aktuelle Systeme abzielt, sondern auf so aktuelle Systeme wie möglich unter Berücksichtigung der von Patches ausgehenden Risiken.

Ein weiterer, meist essenzieller Punkt ist die ***Verfügbarkeit der Infrastruktur***. Dabei geht es darum, wie viel Ausfallzeit von welchen Teilen der Infrastruktur geduldet werden kann und mit welchen Aufwänden das in Relation stehen muss. So ist es sicherlich für alle Unternehmen erstrebenswert, immer und lückenlos verfügbar zu sein, doch steht dieses Ziel für die allermeisten Teile, betriebswirtschaftlich betrachtet, nicht im Verhältnis zu den notwendigen Aufwänden, um das zu erreichen. Würden Sie sich ständige Verfügbarkeit beim Fahrradfahren vornehmen, müssten Sie so viele Ersatzräder besitzen und mit sich führen, dass Sie jedes Mal, wenn beispielsweise Luft in einem Reifen fehlt, das Fahrrad sofort wechseln können. Die Abwägung hierbei wäre, dass es bei fehlender Luft im Fahrradreifen in den allermeisten Fällen verhältnismäßiger ist, den Reifen aufzupumpen oder den Schlauch zu tauschen, als das ganze Fahrrad zu ersetzen. Anders sieht die Sache allerdings im Szenario eines Radrennens aus. Wir alle kennen die Bilder aus Film und Fernsehen, in denen Profiradler von Fahrzeugen begleitet werden, welche Ersatzräder auf dem Dach transportieren. Hier wird das Fahrrad direkt ausgetauscht, anstatt es zu warten, um die Rennzeiten des Fahrers nicht unnötig zu strapazieren. Sie sehen also, es gibt hierbei kein richtig oder falsch, sondern lediglich die Verhältnismäßigkeit. Das sollten Sie auch für Ihre Infrastruktur erreichen. Es gilt auch hier: Wir geben keine 10 € aus, um 5 € zu beschützen.

Um nun das „richtige" Maß zu identifizieren, sollten Sie in diesem Rahmen vorgeben, welche Verfügbarkeiten Sie von der Infrastruktur erwarten. Das steht meist in Abhängigkeit zu Ihren Geschäftsprozessen. Um also eine klare Vorgabe machen zu können, ob und wie lange Ihre Infrastruktur bzw. Teile davon ausfallen können, müssen Sie die Abhängigkeiten zwischen IT und Ihren Geschäftsprozessen sehr genau kennen. Dazu gibt es Werkzeuge wie das Durchführen einer sogenannten Business-Impact-Analyse. Berücksichtigen Sie beim Behandeln von Verfügbarkeiten auch, dass Ihre Administratoren Zeiten benötigen, in denen Wartungen durchgeführt werden können. Solche Wartungsfenster sollten ebenfalls berücksichtigt werden.

Anhand der länger oder kürzer definierten Ausfallzeiten können dann die Maßnahmen abgeleitet werden, um sie zu erreichen. Dabei geht es meist primär um das Herstellen von Redundanzen.

Vergewissern Sie sich allerdings, dass Ihre redundant ausgelegten Systeme in vernünftigen Zeiträumen auf deren Funktionalität geprüft werden. In einem Unternehmen könnte das zum Beispiel bedeuten, dass entschieden wird, eine Firewall darf maximal eine Minute ausfallen. Um das zu erreichen, werden Sie wahrscheinlich mindestens eine weitere Firewall betreiben. Sie kann dann je nach technischer Spezifikation im Hot oder Cold Standby bzw. im Cluster betrieben werden. Bei einem Cold Standby würde eine abgeschaltete Firewall „neben" der laufenden Firewall platziert, ähnlich wie das Fahrrad auf dem Servicewagen. Fällt sie aus, kann die Ersatzhardware hochgefahren, also das Fahrrad getauscht werden. Bei einer geduldeten Ausfallzeit von einer Minute würde dieses Konzept für Firewalls wahrscheinlich nicht funktionieren. Wählen Sie den Ansatz des Hot Standby wäre die Ersatzhardware bereits gestartet und würde im Fehlerfall den Betrieb automatisch oder manuell übernehmen. Dabei handelt es sich aber auch um eine reaktive Maßnahme. Ein Schaden passiert und der Ersatz übernimmt. Im direkten Vergleich mit dem Fahrradbeispiel können Sie sich hier vorstellen, dass bei einem Mannschaftsrennen das Ersatzteammitglied bereits aktiv am Rennen teilnimmt und nur bei Bedarf in die Wertung aufgenommen wird.

Bei einer Hot-Standby-Lösung erfolgt die Übernahme der Funktionalität somit deutlich früher als bei einem Cold Standby. Ist Ihnen eine Ausfallzeit in dieser Größenordnung immer noch zu hoch oder haben Sie speziellere Anforderungen an das Aufrechterhalten Ihrer Verbindungen, ist das Clustern eine weitere Alternative. Beim Clustern ist die Ersatzhardware nicht darauf ausgelegt, nur im Ernstfall den Betrieb zu übernehmen, sondern sie ist permanent in den Betrieb integriert und übernimmt im Ernstfall einfach einen größeren Anteil. Beim Fahrradrennen würde das bedeuten, dass Sie von vornherein mehrere Fahrer teilnehmen lassen. Sobald bei einem ein Fehler auftritt, wird dieser zunächst nicht sofort behandelt, sondern Ihr zweiter Fahrer trägt nun die Verantwortung für den Teamerfolg.

Die drei vorgestellten Ansätze haben jeder für sich Vor- und Nachteile, wichtig ist es, den für Sie passenden Ansatz im Rahmen einer Verfahrensanweisung zu bestimmen und gezielt herbeizuführen. Einen Fallstrick gilt es allerdings noch zu erwähnen. Wie angesprochen besteht ein Teil der Anforderungen an Verfügbarkeit darin, Probleme erkennen zu können. Hier neigt der Techniker dazu, den Zustand der Hardware zu überwachen und daraus Rückschlüsse auf die Unversehrtheit der eigentlichen Funktion zu ziehen. Im Regelbetrieb ist es aber manchmal so, dass die Hardware bzw. die Prozesse keine Fehler melden, die eigentliche Funktion aber trotzdem nicht gewährleistet wird. Achten Sie bei der Überwachung auf Funktionalität also stets darauf, zu prüfen, ob die vom System angebotene Funktion noch funktioniert, und nicht ausschließlich, ob es die Hardware tut. Sonst wäre es so, als ob Sie zwar permanent das Fahrrad auf Funktionstüchtigkeit prüfen, aber nicht erkennen würden, dass es dem Fahrer nicht gut geht bzw. er in die falsche Richtung fährt.

7.2.2.3 Die Dienstleisterordnung

Bei einer Dienstleisterordnung handelt es sich im Wesentlichen um die gleichen Inhalte wie in der bisher vorgestellten Benutzerordnung. Dabei wird dem Dienstleister zunächst mitgeteilt, welche Verhaltensweisen Sie erwarten und welche Konsequenzen ein Verstoß nach sich zieht. Da manche Dienstleister nicht nur in der Rolle von Benutzern, sondern auch in der Rolle eines Administrators in Ihrem Unternehmen aktiv sein können, werden auch Teile der Administratorenordnung übernommen. Hier geben Sie wie bei Ihren eigenen Mitarbeitern vor, welche Erwartungen Sie an Ihre Dienstleister haben. Ein einfaches Beispiel ist das Erstellen einer Webseite. Sie geben eine Webseite nach gewissen Vorstellungen respektive Anforderungen des Marketings in Auftrag. In der Dienstleisterordnung halten Sie allerdings dann fest, dass die zu entwickelnde Webseite aus Sicherheitsaspekten dem Stand der Technik nach OWASP Top10 entsprechen soll. Sie legen außerdem fest, was im Falle eines Verstoßes für Sanktionen im Raum stehen. Inhaltlich unterscheidet sich die Dienstleisterordnung also nur begrenzt von der bereits gezeigten Benutzerordnung und Administratorenordnung, allerdings können Sie in einer Dienstleisterordnung mit anderen Sanktionen arbeiten. Das empfiehlt sich auch, um das Interesse Ihrer Dienstleister zur Erfüllung Ihrer Sicherheitsziele möglichst hoch zu halten.

Am Ende des Prozesses verfügen Sie nun über Anweisungen, wie sich die jeweiligen Gruppen bzw. Rollen zu verhalten haben, um Ihre Ziele der Informationssicherheit zu erreichen.

Wie Sie den Darstellungen, speziell im Bereich der Administratorenordnung, entnehmen konnten, können die Dokumente auch recht schnell unübersichtlich und umfangreich werden. Dabei empfiehlt es sich dann, die Grundsatzentscheidungen zwar in den Layer-2-Dokumenten festzuhalten, die Details der Umsetzung aber auf sogenannte Layer-3-Dokumente auszulagern. Dort wird festgehalten, was genau zu tun ist. Obendrein ermöglicht die weitere Aufspaltung, dass Sie bei Änderungen von Details nicht die gesamten Layer-2-Dokumente neu verabschieden müssen, sondern lediglich das wesentlich präzisere Layer-3-Dokument.

7.3 Sogar das billigste Hotel hat einen Feuerfluchtplan, aber die wenigstens Unternehmen einen IT-Incident-Guide

Im Grundlagenkapitel (Kap. 1) habe ich Ihnen veranschaulicht, was zu tun ist, um einen ordentlichen IT-Betrieb zu gewährleisten. Dies hat noch wenig mit Spionage, Einbrüchen und Erpressung zu tun. Doch ähnlich wie beim Fahrradfahren muss zuerst die Luft im Reifen stimmen, bevor es an die großen Sprünge geht. Alles Bisherige diente dazu, ein kontrolliertes Umfeld zu schaffen. Bei dieser Kontrolle geht es bei weitem nicht darum, Menschen oder Technik einzuschränken. Es geht darum, dass das, was faktisch existiert, dem entspricht, was Sie sich wünschen.

Würde Ihre Risikoanalyse ergeben, dass Sie dringenden Handlungsbedarf haben und Sie würden aber keine Handlungen durchführen, wäre das ein Problem.

Unabhängig von diesen Grundlagen gehen wir nun davon aus, dass der Ernstfall unausweichlich ist und dass Sie dabei einen möglichst geringen Schaden anstreben.

Bei der Planung zum Umgang mit den unterschiedlichen Szenarien gilt es, eine Ent-Emotionalisierung durch Organisation zu erreichen. Es ist von großer Wichtigkeit, dass Sie als Verantwortlicher in einem Ernstfall stets die Kontrolle über die Situation behalten und anhand trainierter Verfahren und bereits getroffener Entscheidungen handeln. Dazu bedarf es verschiedener Werkzeuge in der Vorbereitung.

7.4 Definition Sicherheitsvorfall

Zu Beginn stehen wieder Definitionen im Vordergrund. Bei der Behandlung von Sicherheitsvorfällen sollte zunächst geklärt werden, wann es sich bei Störungen um einen Sicherheitsvorfall handelt. Oft sind „reguläre" Störungen bereits als Angriffe interpretierbar, sofern dies nicht klar voneinander abgegrenzt wird. Halten Sie schriftlich fest, ab wann Sie in Ihrem Unternehmen von einem Sicherheitsvorfall ausgehen. Üblicherweise wird in jedem Fall von einem Sicherheitsvorfall ausgegangen, wenn:

- zu schützende Informationen das Unternehmen oder ihren Bestimmungsort verlassen;
- Informationen durch Unberechtigte eingesehen werden;

- Manipulationen an Informationen durchgeführt werden;
- Funktionalität Ihrer Infrastruktur bewusst gestört, manipuliert respektive zum Erliegen gebracht wird.

Führen Sie diese Beschreibung anhand Ihrer individuellen Situation aus und halten Sie das Ergebnis schriftlich fest. Berücksichtigen Sie dabei allerdings, dass es nicht Aufgabe des „Ersthelfers" ist die Fragestellungen final zu beantworten. Sobald eines der beschriebenen Szenarien als möglich erscheint, sollte so gehandelt werden, als wäre dieses Szenario eingetreten.

Kommunizieren Sie diese Entscheidung auf den für Ihr Unternehmen gängigen Kanälen wie beispielsweise Mitarbeiterschulungen. Führen Sie sich dabei permanent vor Augen, dass die Vorfälle mit einer gewissen Wahrscheinlichkeit nicht durch Ihre IT-Profis erkannt werden, sondern von „irgendjemandem" innerhalb des Unternehmens. Trainieren Sie das Personal so, dass jeder in der Lage ist, diese ersten Schritte durchzuführen.

7.5 Erkennen von Ernstfällen

Haben Sie festgehalten, ab wann Sie von einem Vorfall ausgehen, müssen Sie diesen nun auch zuverlässig erkennen können. Das Erkennen von Sicherheitsvorfällen ist ein äußerst komplexer Prozess und bedarf der genauen Planung. Es empfiehlt sich hierbei, mit Szenarien zu arbeiten. Erarbeiten Sie zusammen mit entsprechender Unterstützung Szenarien, die Ihr Unternehmen bedrohen. Diese könnten beispielsweise sein:

- Social-Engineering-Angriffe
- Schadsoftware bricht innerhalb Ihres Unternehmens aus
- Angriffe von extern auf Ihre im Internet exponierten Dienste
- Angriffe von intern auf Ihre Infrastruktur
- Angriffe per Funk auf Ihre Infrastruktur
- Angriffe per physischem Zugriff auf Geräte Ihrer Infrastruktur

Um für die einzelnen Angriffe die bestmögliche Vorbereitung zu erzielen, schauen wir uns diese nun exemplarisch im Detail an.

7.5.1 Die Erkennung von Angriffen im Detail

7.5.1.1 Das Erkennen von Social Engineering

Wie Sie der Beschreibung der Sicherheitsvorfälle entnehmen konnten, basieren viele erfolgreiche Angriffe auf der Täuschung von Menschen (Social Engineering). Hierbei kann in der Prävention versucht werden, durch technische Werkzeuge die Angriffsvektoren zu reduzieren. Letztlich kann aber technisch kein wirklich umfangreicher Schutz vor solchen Angriffen erreicht werden. Um in der Prävention ein höheres Level zu erreichen, ist es unerlässlich, die Benutzer auf die zu erwartenden Szenarien vorzubereiten. Hierbei gilt es allerdings, von den Benutzern nichts zu erwarten, was diese nicht leisten können. So empfehlen einige Experten, dass jeder Benutzer bei jeder E-Mail den Quelltext lesen und prüfen soll. Dies ist ein Beispiel für eine

Maßnahme, welche sicherlich nicht in der breiten Masse funktionieren wird und somit ein trügerisches Bild der Sicherheit zeichnen würde.

Sie können aber in der Reaktion auf Social-Engineering-Angriffe auf Anomalien achten. Das bedeutet, wenn ein Mitarbeiter auf irgendeine Weise zu einem untypischen Verhalten gebracht wurde, kann darauf reagiert werden. Und hier liegen auch die besten Möglichkeiten einer Erkennung. Das bedeutet aber auch wieder, dass definiert sein muss, was ein „normales" Verhalten ist. Hier verweise ich wieder auf den Teil der organisatorischen Sicherheit: Gibt es keine Regularien über den Normbetrieb, kann eine Abweichung auch nur schwer festgestellt werden. Bei den klassischen Ansätzen sollten Sie darauf achten, die üblichen Angriffskanäle für Social Engineering zu adressieren. Diese sind u. a.:

- Gefälschte E-Mails
- USB-Sticks
- Anrufe

7.5.1.2 Das Erkennen von Angriffen per E-Mail

Betrachten wir zunächst das Thema E-Mail. Hier hängt es sehr stark vom Maß an Sicherheitswerkzeugen ab, die Sie bereits im Einsatz haben. Typischerweise versucht ein Angreifer eine Absenderadresse zu verwenden, welche dem Empfänger vertraut vorkommt. Hier liegt für Sie die erste große Chance. Versuchen Sie festzustellen, wenn von außen eine Identität vorgetäuscht wird. In einer besseren Sicherheitswelt könnten Sie hier auf das verwendete Schlüsselmaterial zum Signieren oder Verschlüsseln von E-Mails achten. Leider ist die Verbreitung dieser Werkzeuge derartig gering, dass Sie darauf aktuell noch nicht allzu sehr bauen können. Schärfen Sie aber Ihren Mailserver, um die klassischen Anomalien zu erkennen.

Hierzu ein Beispielsszenario: Gehen wir davon aus, dass der Angreifer bereits über die Inhalte der E-Mail verfügt, welche er verschicken möchte. Hier steckt meiner Ansicht nach auch die kriminelle Energie, denn dabei handelt es sich um die eigentliche Täuschung. Wir unterstellen folgendes Wissen seitens des Angreifers:

```
Ziel: test@gibtsgarnicht.de
Absender: administrator@gibtsgarnicht.de
Betreff: Dringende Bekanntmachung Ihrer IT
Inhalt: ..... installieren Sie sich dringend die angehängte Datei.
```

Im nächsten Schritt muss sich der Angreifer die Information beschaffen, wie er E-Mails an dieses Unternehmen zustellen kann. Diese Information ist öffentlich und er erhält den Namen des Servers, welcher E-Mails für Ihr Unternehmen annimmt:

```
mail.gibtsgarnicht.de
```

Im weiteren Verlauf versendet er im schwierigsten Falle seinen Angriff manuell. Dies ist in der Realität meist nicht nötig, zeigt aber am besten die Möglichkeiten zur Verteidigung auf. Der Angreifer verbindet sich mit der IP-Adresse 104.40.211.35 und die folgende technische Kommunikation findet statt:

Ihr Server begrüßt den Angreifer:
220 mail.gibtsgarnicht.de ESMTP Welcome
Der Angreifer stellt sich selbst vor:
helo gibtsgarnicht.de

Hier haben Sie bereits die erste Chance, einen vermeintlichen Betrug zu erkennen. Sie können technisch herausfinden, wer – im Sinne von Server – mit der Domäne „gibtsgarnicht.de" E-Mails versenden darf. Dazu gibt es beispielsweise die Sender-Policy-Framework-(SPF-)Technologie. Bei dieser Technik „veröffentlicht" gibtsgarnicht.de eine Liste mit Maschinen, welche in Ihrem Namen E-Mails zustellen dürfen.

Das Szenario ist absolut vergleichbar mit der Zustellung klassischer Briefe. Stellen Sie sich an dem Punkt vor, „gibtsgarnicht.de" ist die Adresse Ihres Gebäudes. Der Postbote schaut nach, wo er den Briefkasten findet, und sieht diesen an Ihrem Zaun hängen: mail.gibtsgarnicht.de. Mit SPF hätten Sie die Möglichkeit, zu prüfen, ob die Person respektive Server überhaupt autorisiert ist, E-Mails bzw. Post von dem Absender zuzustellen. So könnte per SPF veröffentlicht werden, dass alle E-Mails der gibtsgarnicht.de nur von Herrn Müller zugestellt werden dürfen, und wenn vor Ihnen Herr Meier mit Post von gibtsgarnicht.de steht, wissen Sie, dass etwas nicht stimmt. Dieses Werkzeug basiert allerdings darauf, dass der Absender Ihnen hilft, gültige Postboten zu identifizieren. Obwohl dieser Schritt weder Geld noch nennenswerte Mühe kostet, wird er allerdings nicht wirklich flächendeckend durchgeführt. Das bedeutet, selbst wenn Sie sich vornehmen, immer den Postboten zu kontrollieren, sind Sie davon abhängig, dass der eigentliche Absender eine Liste mit gültigen Postboten veröffentlicht. Da dies kaum der Fall ist, ist SPF zwar technisch stark, aber in der realen Umsetzung leider bei weitem nicht.

Eine weitere Möglichkeit bei diesem Schritt besteht in der Überprüfung, ob die absendende IP-Adresse zu der absendenden Domain passt. Dabei können Sie bei zentralen Datenbanken automatisch abfragen, in welchen IP-Bereichen gibtsgarnicht.de ist und ob sich die Maschine, welche im Namen von gibtsgarnicht.de senden möchte, im gleichen Segment befindet. Da aber sehr viele Unternehmen ihre Mailserver ausgelagert haben, bedeutet dies, dass ein solches Werkzeug nutzlos ist. Würden Sie die IP-Adressbereiche des Postboten mit den Bereichen der Domäne vergleichen und bei Unstimmigkeiten Alarm schlagen, wäre vermutlich bei einem Großteil Ihrer E-Mails ein positiver Fund zu vermerken.

Ein drittes Werkzeug an dieser Stelle des Angriffes ist das Abfragen eines sogenannten PTR Records. Dieser macht nichts anderes, als der absendenden IP-Adresse einen offiziellen Namen zu geben. Das E-Mail-Protokoll erlaubt es, dies zu prüfen, dabei geht es allerdings nur darum, ob ein PTR Record existiert, und nicht, was dieser beinhaltet. Entsprechend setzt das zwar ein wenig mehr technische Maßnahmen seitens des Angreifers voraus, aber ist nicht wirklich eine erwähnenswerte Hürde.

Gehen wir also davon aus, der Angreifer schafft diese Hürde. Der nächste Schritt besteht darin, einen Absender auf seine Post zu schreiben:

Der Angreifer schreibt einen Absender auf seine E-Mail:
mail from:<admin@gibtsgarnicht.de>

In diesem Schritt ist es Ihnen mit diversen E-Mail-Werkzeugen möglich, zu prüfen, ob die Absenderadresse zu dem weiter oben gemeldeten „helo“ passt. Üblicherweise dürften an diesem Punkt keine großen Überraschungen auf Sie warten.

Danach definiert der Angreifer sein Opfer:
rcpt to:test@gibtsgarnicht.de

An dieser Stelle wird häufig mit einem sogenannten Greylisting gearbeitet. Dabei „schicken“ Sie Ihren Postboten einfach wieder weg und verlangen von ihm, dass er den Brief erst in beispielsweise 5 Minuten zustellt. Hierbei wird davon ausgegangen, dass automatisierte Programme die Zeit des Greylistings nicht abwarten und weiterziehen. Bei gezielten Angriffen wird ein Angreifer einfach nach Ablauf der Frist seinen Angriff wiederholen.

Sobald ein Greylisting überwunden ist, wird eine Datensequenz eingeleitet:
DATA
FROM: Alexander Dörsam<admin@gibtsgarnicht.de>
TO: Armer Mitarbeiter<test@gibtsgarnicht.de>
Hier steht der Angriffstext
.

An diesem Punkt passiert etwas sehr Spannendes. Mit den Parametern „mail from“ und „rcpt to“ werden die Empfänger technisch festgehalten. Innerhalb des Bereiches „DATA“ kann aber nochmal ein „FROM“ und ein „TO“ gesetzt werden. Bei den Werten innerhalb des Datenbereiches handelt es sich um jene Informationen, die dem Benutzer beim Empfangen der Mail angezeigt werden. Diese Funktion erlaubt zum Beispiel Folgendes: Stellen wir uns vor, die Sicherheitsmechanismen vor dem „DATA“-Feld stellen fest, dass der Absender keine Mails im Namen von „gibtsgarnicht.de“ schicken darf, und blockieren diese. Daraufhin würde der Angriff nicht funktionieren. Ein Angreifer könnte aber erst in dem Feld „DATA“ anfangen zu lügen. Das würde bedeuten, „helo“ und „mail from“ sind „echt“, in dem Feld „DATA“ behauptet der Angreifer aber jemand anderes zu sein. Auch hierauf können Sie versuchen zu achten. Berücksichtigen Sie dabei aber dringend, dass die Maßnahmen, die Sie hier treffen, in keinem Fall den regulären Betrieb Ihres Unternehmens stören dürfen.

Wie Sie an diesem sehr einfachen und gleichzeitig sehr alten Thema E-Mail erkennen können, ist das Entdecken von Angriffen einerseits sehr filigran und andererseits greift es ggf. in Ihren Geschäftsbetrieb ein. Schlussfolgernd kann aber festgehalten werden, dass ein E-Mail-basiertes Social Engineering aufgrund dieser Unwegsamkeit nicht umfangreich erkannt werden kann. Entsprechend bedarf es hier weiterer Werkzeuge. Die Erfolgsaussichten bei einem Angriff dieser Art wurden bereits zu Beginn dieses Buches näher betrachtet und sind aktuell höher denn je.

Stellen Sie sich an dieser Stelle die Frage, ob Sie einen solchen Angriff hätten erkennen können.

7.5.1.3 Das Erkennen von Angriffen mit USB-Sticks

Schafft es ein Angreifer nicht aus der Ferne, ein Unternehmen zu kompromittieren, kann er dazu übergehen, einen etwas physischeren Angriff durchzuführen. Dazu wurden in der Vergangenheit unter anderem die USB-Ports von Computern verwendet. Hier gibt es im Großen und Ganzen drei Angriffsszenarien:

1. U3 und RNDIS

Bei U3 handelt es sich um einen Standard aus dem Jahr 2005. U3 war eigentlich dafür gedacht, eine möglichst hohe Dynamik am USB-Port zuzulassen. Mit U3 war es beispielsweise möglich, einen USB-Stick an einen Computer anzuschließen, woraufhin per Autostart Programme starteten, ohne dass diese vorher installiert werden mussten. Aus dieser Zeit stammen wohl auch die meisten USB-Angriffsmythen. Denn U3 wird seit 2010 nicht weiterentwickelt und ist bei modernen Betriebssystemen nur mit Aufwand zu aktivieren. Unabhängig davon ist es unglaublich schwierig, an tatsächliche U3-USB-Sticks zu gelangen. Die Angst, sich also „automatisch" per Einstecken eines USB-Sticks zu infizieren, kommt vermutlich aus der Zeit der U3-USB-Sticks, ist so aber nicht mehr zeitgemäß.

Aktuell besteht das größte Risiko einer automatischen Infektion darin, dass der USB-Stick eine Netzwerkkarte per RNDIS simuliert. Dafür existieren mittlerweile Angriffe, welche die Infektion der Maschine und den Abfluss von Informationen ermöglichen. Ein Vektor ist dabei, dass der so angeschlossene USB-Stick behauptet, er sei eine Netzwerkkarte und der Computer daraufhin versucht seinen Netzwerkverkehr über eben diesen USB-Stick zu schicken und sich dadurch angreifbar macht. In Summe ermöglicht diese Angriffstechnik im Bestfall einen Abfluss von Passwort-Hashes innerhalb weniger Sekunden, nachdem der USB-Stick angeschlossen wurde. Dieser Vektor unterscheidet sich aber von dem U3-Angriff. Bei dem U3-Angriff würde ein Angreifer massenhaft USB-Sticks verteilen, welche die Opfer nicht von normalen USB-Sticks unterscheiden können. Bei einem RNDIS basierten Angriff muss der Angreifer spezielle und – noch – sehr auffällige USB-Sticks einsetzen. Am wahrscheinlichsten ist aktuell, dass der Angreifer den USB-Stick mit dem RNDIS-Angriff selbst verbindet und dann weiterzieht. Das ist aber von der Massentauglichkeit wesentlich schlechter als es damals die U3-Angriffe gewesen sind.

2. Massendatenträger

In der Regel werden USB-Ports auch für das Übertragen von Daten verwendet. Dabei arbeitet der USB-Stick im Modus des Massendatenträgers. Die Computer hängen das neu gefundene Laufwerk ein und bieten dessen Inhalt an. Die Angriffsvektoren hierbei sind, dass über diese Massendatenträger schadhafte Dateien auf die Computer gelangen. Die Erhöhung des Infektionsrisikos beruht auf der Annahme, dass eine Schadsoftware auf einem Massendatenträger schlechter erkannt wird als eine per E-Mail zugestellte Schadsoftware. Hierbei wird davon ausgegangen und das deckt sich auch mit unseren Analysen, dass eine sehr hohe Zahl von Benutzern einen gefundenen USB-Stick früher oder später an einen Computer anschließt und dort sogar auf die gespeicherten Dateien klickt. Dies ermöglicht einem Angreifer beispielsweise das Verteilen von USB-Sticks mit schadhaften Dateien auf einem Unternehmensgelände und sichert eine nicht zu vernachlässigende Erfolgsquote zu. Aber bedenken Sie, solange niemand klickt, bricht die Schadsoftware wahrscheinlich nicht aus.

3. Human Interface Device (HID)

Ein erst seit wenigen Jahren verbreitetes Verfahren für Angriffe per USB sind sogenannte HID-basierte USB-Angriffe. Dabei geht es darum, dass sich ein USB-Gerät nicht als USB-Stick, sondern als USB-Tastatur ausgibt. Der Unterschied liegt darin, dass Programme zum Erkennen von Schadsoftware zunächst einmal „nur" Dateien untersuchen und keine Tastatur auf Schadcode hin überprüfen. Hat sich das USB-Gerät des Angreifers mit dem Computer verbunden und sich als Tastatur ausgegeben, kann der Schadcode beispielsweise von dem USB-Gerät automatisch „eingetippt" werden. Somit umgeht der Angreifer zunächst das Problem mit der Erkennung von Dateien. Des Weiteren sind in manchen Firmen USB-Massendatenträger grundsätzlich verboten. Damit soll den Angriffen aus Punkt 1 und 2 und auch dem Abfluss von Informationen vorgebeugt werden. Sollten Sie auch USB-Massendatenträger verboten haben, werden USB-Tastaturen aber mit großer Wahrscheinlichkeit trotzdem noch funktionieren. Das bedeutet, trotz „abgeschaltetem" USB-Port für USB-Sticks kann ein USB-HID-basierter Angriff immer noch Schadsoftware auf den Computer bringen. Dies kann so durchgeführt werden, dass der Angreifer eine zusätzliche Platine in ein existierendes USB-Gerät einbaut:

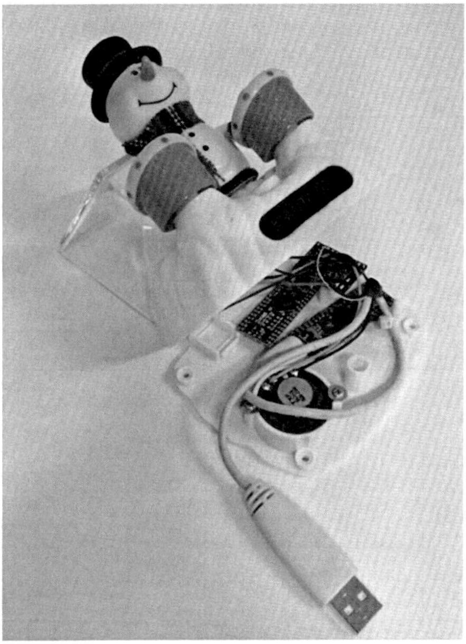

Alternativ kann ein spezieller USB-Stick umprogrammiert werden. Ein weiterer Trend zurzeit ist, dass diese Funktionalität als Schadsoftware auf Telefonen landet. Ein Telefon infiziert sich mit einer Schadsoftware und wenn dieses Telefon dann per USB zum Aufladen an den Computer gesteckt wird, gibt sich das Telefon als USB-HID aus und infiziert auf diesem Wege den Computer.

Angriffe per USB können also auf diesen Szenarien bzw. auf Kombinationen dieser Szenarien basieren. Möchten Sie einen Angriff per USB erkennen, sollte zunächst geklärt werden, welche Funktion Sie an dem USB-Port zulassen möchten. Sicherlich ist das Abschalten des USB-Ports für Massendatenträger ein Werkzeug, um zumindest die Problematik mit schadhaften Dateien und dem Abfluss von Informationen grundsätzlich zu lösen. Hiermit adressieren Sie allerdings noch nicht die USB-HID-basierten Angriffe. Und es wäre wenig verhältnismäßig, auch USB-Tastaturen zu verbieten. Dann wären Sie zwar wieder sicherer, aber eben auch arbeitsunfähig. Hersteller für den Schutz von Client-Computern haben sich dieses Problems angenommen und Sicherheitsmethoden entwickelt. So können Sie bei modernen Systemen nicht nur den Zugriff auf Massendatenträger verbieten, Sie können auch jede neue Tastatur dazu zwingen, eine auf dem Bildschirm angezeigte Zeichenkombination einzugeben. So kann ein normaler Benutzer problemlos eine neue Tastatur anschließen und verwenden, der USB-Stick eines Angreifers würde an dieser Hürde allerdings scheitern, da er das Bild nicht auslesen kann.

Wenn Sie die Angriffsvektoren nun so weit wie möglich eingedämmt haben, bleibt Ihnen noch zu überwachen, was im Rahmen der nicht verbotenen Aktionen passiert. Das Protokollieren der USB-Port-Aktivitäten wird allerdings in sehr kurzer Zeit sehr umfangreich und unübersichtlich. Neben der Reduzierung der Möglichkeiten sollten Sie zunächst sicherstellen, dass alle USB-Port-Aktivitäten auch in den Protokollen des Computers gespeichert werden. Gehen Sie dann im nächsten Schritt davon aus, dass Ihre Methoden zum Schutz erfolglos waren, und stellen Sie sich die Frage, welchen Schaden Ihnen die aufgezeigten Szenarien zufügen können und wie dieser reduziert werden kann. So birgt eine

Schadsoftware per USB-Stick nur dann ein höheres Risiko als beispielsweise per E-Mail, wenn Sie den Weg der E-Mail besser überwachen als den Client. Gleiches gilt auch für USB-HID-Angriffe. Überwachen Sie beispielsweise alle ausgeführten Programme auf ihr schadhaftes Verhalten, spielt es keine Rolle, ob es als Datei auf dem Computer gelandet ist oder durch einen USB-HID-Angriff dort eingetippt wurde. Im optimalen Fall bleibt einem Angreifer somit lediglich ein USB-HID-Angriff, welcher sich so verhält, wie es der Benutzer tun würde. Darf der Benutzer auf eine Netzwerkfreigabe zugreifen, darf es auch der USB-HID-Angriff. Behalten Sie dies bei kritischen Systemen im Auge und prüfen Sie ggf. über eine Zwei-Faktor-Authentifizierung, ob es sich tatsächlich um einen Benutzer handelt, der gerade versucht, auf die Netzwerkfreigabe zuzugreifen, oder um ein Stück Hard- oder Software.

Auch hier möchte ich mit der Fragestellung enden, ob und welche der Szenarien Sie in Ihrer Infrastruktur hätten erkennen können.

7.6 Verantwortlichkeiten

Nachdem Sie sich nun organisatorisch und technisch in die Lage versetzt haben, die aus Ihrer Sicht wahrscheinlichsten Vorfälle zu erkennen, geht es an die prozessuale Vorbereitung. Es ist unabdingbar, die einzelnen Aufgaben mit Verantwortungen zu versehen, denn nur so stellen Sie sicher, dass mit dem nötigen Engagement gearbeitet wird. Berücksichtigen Sie bei der Zuordnung von Verantwortlichkeiten wenigstens die folgenden Punkte (Tab. 7.1):

Tab. 7.1 Zuordnung von Verantwortlichkeiten

Rolle	Aufgabe	Kompetenz	Verpflichtung
IT-Benutzer	Beim Bemerken von Unregelmäßigkeiten muss sich der IT-Benutzer an die Eskalationspläne halten	Der zur Unregelmäßigkeit passende Meldeweg muss bestimmt werden	Jeder IT-Benutzer ist dazu verpflichtet, sicherheitsrelevante Unregelmäßigkeiten zu melden
IT-Administrator	Je nach Unregelmäßigkeit nimmt ein IT-Administrator diese entgegen und entscheidet über das weitere Verfahren	Der IT-Administrator entscheidet, ob eine Unregelmäßigkeit vorliegt und ob die ihm gemeldete weiter eskaliert werden muss	Das Erkennen von Unregelmäßigkeiten und das Verfolgen dieser und anderer gemeldeter Unregelmäßigkeiten
IT-Sicherheitsbeauftragter	Nimmt Meldungen von Unregelmäßigkeiten entgegen und führt eine Bewertung durch. Je nach Unregelmäßigkeit werden dann weitere Schritte eingeleitet	Er ist befugt, Bewertung und Analysen durchzuführen. Des Weiteren verfügt er über ein Budget von 50.000 € für das Hinzuziehen von Beratern	Der IT-Sicherheitsbeauftragte verabschiedet das Konzept zum Umgang mit sicherheitsrelevanten Unregelmäßigkeiten

- Rolle
- Aufgabe
- Kompetenz
- Verpflichtung/Unterrichtung

Hierzu können Sie beispielsweise die in Tab. 7.1 gezeigte Struktur wählen.

7.7 Eskalationsstrategie

Um Ihren Benutzern bei der eigentlichen Eskalation neben der Verantwortung auch Führung zu geben, ist im nächsten Schritt ein Fahrplan zur Kommunikation auszuarbeiten. Unter dem Gesichtspunkt der „Eskalationsstrategie" gibt es hierzu bereits diverse Ausprägungen, auf die Sie sich berufen können. Das folgende Vorgehen wird beispielsweise durch das Bundesamt für Sicherheit in der Informationstechnik (BSI) vorgeschlagen und im weiteren Verlauf dieses Textes etwas ergänzt.

Das Vorgehen teilt sich grob in drei Schritte auf. Zunächst werden in Schritt 1 die Eskalationswege festgehalten (Abb. 7.1). Dabei geht es darum, zu klären, wer wen zu informieren hat und welcher alternative Weg zur Verfügung steht.

Ist klar, wie zu informieren ist, wird in Schritt 2 eine Entscheidungshilfe für die Eskalation geboten (Tab. 7.2). Dabei handelt es sich um ein Werkzeug, welches den Betroffenen erlaubt, besser einzusortieren, wer wann einzuschalten ist. Um bei unserem Beispiel des Radfahrers zu bleiben: Es wird geregelt, dass bei körperlichen Problemen

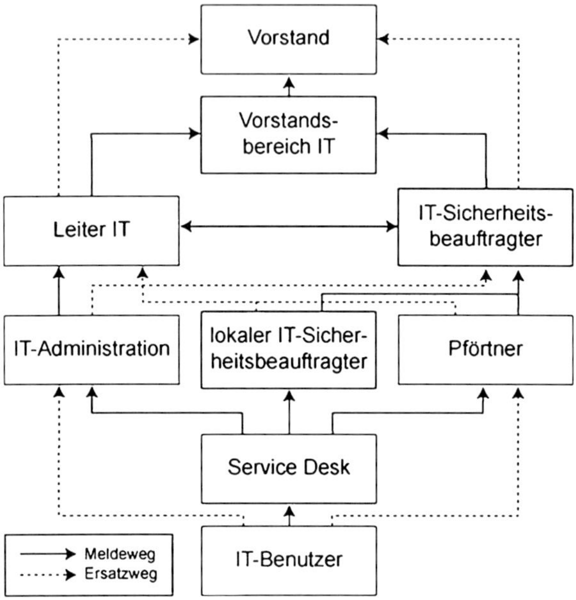

Abb. 7.1 Eskalationswege [1]

des Fahrers nicht der Mechaniker, sondern ein Arzt verständigt wird. Genau so wird bei einem technischen Problem nicht der Arzt, sondern eben ein Techniker kontaktiert.

Abschließend soll in Schritt 3 vermittelt werden, wie zu eskalieren ist (Tab. 7.3). Sollte also ein technisches Problem am Fahrrad vorherrschen, kann es ggf. von Nutzen sein, dass derjenige, der den Mechaniker einschaltet, bereits qualifizierte Informationen liefert. Je nach Kritikalität kann es auch sinnvoll sein, dem Mechaniker keine E-Mail zu schicken, sondern ihn anzurufen. All diese Regularien sind auch für IT-Vorfälle zu treffen. Dazu helfen die folgenden Vorgehensmodelle:

Tab. 7.2 Entscheidungshilfe für Eskalation. (Vgl. [1])

Ereignis	Sofortige Unterrichtung von	Kontakt
Fund von Schadsoftware	IT-Sicherheitsbeauftragter	IT-Sicherheitsbeauftragter • Telefon: • E-Mail: • Raum:
Brand	Pförtner, Feuerwehr	Pförtner • Telefon: • E-Mail: • Raum: Feuerwehr • Telefon: • E-Mail: • Raum:
Vorsätzliche Handlungen und vermutete kriminelle Handlungen	IT-Sicherheitsbeauftragter	IT-Sicherheitsbeauftragter • Telefon: • E-Mail: • Raum:
Verdacht auf Werksspionage	IT-Sicherheitsbeauftragter	IT-Sicherheitsbeauftragter • Telefon: • E-Mail: • Raum:
Notwendigkeit, Polizei und Strafverfolgungsbehörden einzuschalten	Vorstand, Geschäftsführung	Vorstand • Telefon: • E-Mail: • Raum: Geschäftsführung • Telefon: • E-Mail: • Raum:

(*Fortsetzung*)

Tab. 7.2 (Fortsetzung)

Ereignis	Sofortige Unterrichtung von	Kontakt
Existenzbedrohende Schäden	Vorstand, Notfallbeauftragter und Leiter des Krisenstabs	Vorstand • Telefon: • E-Mail: • Raum: Notfallbeauftragter • Telefon: • E-Mail: • Raum: Leiter des Krisenstabs • Telefon: • E-Mail: • Raum:

7.7.1 Schritt 1: Festlegung der Eskalationswege

Abb. 7.1 zeigt die definierten Eskalationswege.

7.7.2 Schritt 2: Entscheidungshilfe für Eskalation

Bei diesem Punkt empfehle ich die vom Bundesamt für Sicherheit in der Informationstechnik vorgeschlagene Matrix etwas zu erweitern (Tab. 7.2).

Tab. 7.3 Art der Eskalation. (Vgl. [1])

Art des Vorfalls	Beispiel	Art der Eskalation
Geringfügiger Sicherheitsvorfall	• Diebstahl eines Notebooks • Installation von Schadsoftware	Sofortige Weitergabe der Meldung per: • Persönliche Vorsprache • E-Mail • Telefon
Erheblicher Sicherheitsvorfall	• Hackerangriff • Umfangreicher Befall von Schadsoftware	Meldung innerhalb einer Stunde per: • Persönliche Vorsprache • Telefon
Existenzbedrohender Sicherheitsvorfall	• Brand • Spionage • Auffinden strafrechtlich relevanter Informationen	Meldung innerhalb einer Stunde per: • Persönliche Vorsprache • Telefon • Bote mit verschlossenem Umschlag

7.7.3 Schritt 3: Art und Weise der Eskalation

Neben der eigentlichen Pflicht der Meldung ist es auch wichtig, wie gemeldet wird. So haben wir alle in der Schule gelernt, bei Feuer die 112 zu wählen und in Ruhe unseren Namen und den Standort durchzugeben. Ähnliches gilt auch bei der Eskalationsstrategie von Firmen. Tab. 7.3 zeigt eine Übersicht, basierend auf der Information des Bundesamtes für Sicherheit in der Informationstechnik.

Haben Sie die in diesem Kapitel beschriebenen Maßnahmen bearbeitet, sind Sie nun in der Lage, nicht nur die für Sie wahrscheinlichsten Vorfälle zusammen mit Ihren

Benutzern zu erkennen, sondern darauf auch noch zu reagieren. Das ist ein großer Schritt in Richtung einer erhöhten Sicherheit für Ihr Unternehmen.

7.8 Train hard, win easy

Alle Vorbereitungen zur Erkennung und Reaktion auf Sicherheitsvorfälle sind bis zum Tag X nur Papier. Sollten Sie bereits einen Sicherheitsvorfall erlebt haben, wissen Sie, dass die Emotionen und der Stress einiges der so akribisch erarbeiteten Konzepte aushebelt und die Situation oftmals in Teilen sogar chaotische Züge annehmen kann. Ähnlich wie im professionellen Motorsport, in dem Reifenwechsel und Instandsetzungen von Unfallschäden trainiert werden, führt kein Weg daran vorbei, die entwickelten Konzepte auch auf die Probe zu stellen. Etablieren Sie einen zyklischen Prozess, in dem Sie Ihre Überlegungen, Entscheidungen und Vorgehensweisen auf Herz und Nieren prüfen. Je umfangreicher Sie untersuchen, ob Ihre Eskalationsstrategien und Werkzeuge zur Reaktion auch tatsächlich belastbar sind, desto weniger Überraschungen erleben Sie in einem tatsächlichen Ernstfall. Für solche Simulationen eignen sich hervorragend Werkzeuge wie Social-Engineering-Kampagnen und technische Audits. Dabei simulieren Sie oder Ihr externer Partner einen Angriff auf Ihr Unternehmen und Sie beobachten Schritt für Schritt, ob Ihre Maßnahmen greifen. Dabei ist es allerdings außerordentlich wichtig, den richtigen Fokus beim Prüfen zu haben.

So könnte ein Beispiel des Social Engineerings ein Prüfmechanismus sein, in regelmäßigen Abständen verschiedene

Angriffsszenarien gegen Ihr Unternehmen durchzuführen oder durchführen zu lassen. Dabei sollte klar getrennt werden, ob es sich um technische oder um organisatorische Tests handelt. Möchten Sie prüfen, ob Ihre Spamfilter und Firewall-Systeme den Angriffen standhalten, kann der vermeintliche Angreifer mit Demozugängen arbeiten und die Angriffe direkt mit Ihnen koordinieren. Zurück zu unserem Beispiel mit dem Fahrrad wäre dieser Teil der Untersuchung vergleichbar mit den Untersuchungen, ab welcher Einwirkung ein Lenker locker wird. Bei dieser technischen Untersuchung kann geprüft werden, bei welchen Verwindungskräften der Lenker sich löst und ob Sie technische Werkzeuge haben, den lockeren Lenker zu erkennen. Im direkten Vergleich bedeutet dies also in der IT: Schafft es ein Angreifer Absenderadressen zu fälschen und bemerken Sie ggf. den Versuch respektive den Erfolg?

Möchten Sie aber herausfinden, ob Ihre Eskalationsstrategien im Hinblick auf Ihre Benutzer funktionieren, muss das ein klar voneinander getrenntes Prüfszenario ergeben. Um auch hier wieder den Vergleich zu einem Fahrrad aufzunehmen: Wenn Sie wissen wollen, wie der Fahrer auf einen lockeren Lenker reagiert, dann konfrontieren Sie Ihn mit einem lockeren Lenker. Nach meiner Erfahrung ist das bei den Notfallübungen eine schwer zu vermittelnde Information. Denn die Mechaniker argumentieren sehr schnell damit, dass der Lenker ja quasi nicht locker werden kann. Klar ist aber, dass der Lenker unter den aktuellen Prüfumständen ggf. nicht locker wurde, es aber eventuell Szenarien gibt, welche bei der technischen Prüfung nicht auf dem Schirm standen, und der Lenker ggf. trotzdem früher oder später locker wird. Da Sie nicht garantieren können, dass sich ein Lenker niemals lockert, ist es unumgänglich zu prüfen, wie ein Fahrer damit umgeht. Den gleichen Ansatz sollten Sie bei Ihren Notfallübungen auch berücksichtigen. Eventuell schafft es der Probeangreifer zu diesem Zeitpunkt oder mit den geplanten Aufwänden nicht, Ihre Spamfilter oder Ihre Firewalls zu umgehen. Aber es ist nicht auszuschließen, dass das einem anderen Angreifer mit neueren Informationen oder mehr Zeit gelingt. Es ist also das Ziel, zu prüfen, wie Ihre Mitarbeiter im Falle eines Angriffes reagieren, was ggf. bedeutet, dem Probeangreifer technisch unter die Arme zu greifen, damit ein erfolgreicher Angriff simuliert werden kann.

Haben Sie einen Weg gefunden, Ihre unterschiedlichen Zielsetzungen sinnvoll auf die Probe zu stellen, haben Sie nicht nur einen sehr guten Eindruck über Ihre Angreifbarkeit gewonnen, Sie können ab jetzt auch noch Ihre Erfolge messen. Stellen Sie bei solchen Tests beispielsweise fest, dass 40 % Ihrer Benutzer auf Anhänge in unbekannten E-Mails klicken, können Sie daraufhin Maßnahmen wie Schulungen einleiten und dann wiederum testen, wie erfolgreich diese gewesen sind. Meiner Erfahrung nach steigt die Sicherheit alleine durch die Tatsache, dass Untersuchungen und Probeszenarien von Ihnen durchgeführt werden, da die Kollegen wesentlich aufmerksamer werden. Das gipfelt bei unseren Projekten teilweise darin, dass die bloße Ankündigung eines Audits dazu führt, dass am Tag des Audits die Systeme in außerordentlich guter Verfassung im Hinblick auf Sicherheit sind.

Um die Überschrift dieses Abschnitts noch einmal aufzugreifen: Je umfangreicher Ihre Notfallübungen sind, desto weniger erschreckend werden die tatsächlichen Angriffe für

Sie und Ihr Team werden. Sie werden auch bemerken, dass durch das Wiederholen der vereinbarten Verhaltensregeln eine Art Routine einsetzt, welche Sie im Ernstfall klarer und effektiver arbeiten lässt.

Quellen

1. https://www.bsi.bund.de/DE/Themen/ITGrundschutz/ITGrundschutzKataloge/Inhalt/_content/m/m06/m06061.html. Zugegriffen am 22.12.2016

8 Schlusswort

Wie Sie den Vorfällen zu Beginn des Buches entnehmen können, ist die Welt der Sicherheitsvorfälle sehr variantenreich und steckt voller Überraschungen. So werden kleine Unternehmen mit Methoden gehackt, welche eigentlich nur aus Filmen bekannt sind, und Mitarbeiter von Konzernen richten sich gegen die eigene Führung. Diese echten Fälle stehen in ihrer Kuriosität den Geschichten aus Film und Fernsehen in nichts nach.

Obwohl immer mehr dieser manchmal abstrus erscheinenden Sicherheitsvorfälle in den Medien landen, fällt es einigen Verantwortlichen dennoch sehr schwer, ein Gefühl für die tatsächlichen Risiken für die eigene Person oder das eigene Unternehmen zu entwickeln. Die vorgestellten Fälle sollen Sie dabei unterstützen, eigene Szenarien herzuleiten und sich darauf möglichst gut vorzubereiten. Zu diesem

A. Dörsam, *Den Tätern auf der Spur*,
https://doi.org/10.1007/978-3-658-16466-9_8

Zweck habe ich Ihnen ausführlich die Grundlagen der organisatorischen Sicherheit aufgezeigt. Sie erhalten damit einen Einblick in die Werkzeuge, die Ihnen zur Verfügung stehen, um sich gegen die Sicherheitsrisiken des Internets und der eigenen IT zu behaupten. Achten Sie stets darauf, dass Sie wissen, welche Sicherheitsziele Sie verfolgen, und hinterfragen Sie kontinuierlich, ob die Werkzeuge, die Sie ergreifen, zu Ihren Zielen passen.

An einigen Stellen habe ich Ihnen aufgezeigt, dass der Wunsch nach „zu viel Sicherheit" auch zu einem insgesamt schlechteren Ergebnis führen kann. Achten Sie unbedingt auf die vernünftige Ausrichtung Ihres IT-Sicherheitskompasses.

Abschließend gebe ich Ihnen noch die folgende Faustformel mit: Es ist fast immer einfacher, einen schnellen Fahrer zu stabilisieren, als einen stabilen Fahrer schnell zu machen. Genau darum geht es auch bei der IT-Sicherheit. Seien Sie lieber immer einen Schritt weiter und versuchen Sie dann, die Ergebnisse reproduzierbar zu machen, als sich in Prozessen und Regularien zu verlieren.

Dennoch gilt auch: Es geht nicht darum, aus Zufall schnelle Rundenzeiten zu fahren, sondern darum, wiederholt abrufbar möglichst schnelle Zeiten zu erreichen.

Made in United States
North Haven, CT
20 October 2026

20720524R00111